Denke nach und werde reich…
das Fitness Buch

von Sir Prof. Sven von Marbach

Ein Marathon unter 4 Stunden 20 Minuten zu finnischen erhöht den IQ um 300 Punkte.

Dieses Buch habe ich meinen Fans bei Facebook bereits zu geschickt. Dieses Buch ging wie ein Kettenbrief um die Welt. Ganz viele Menschen haben das PDF Dokument schon gelesen. Dabei handelt es sich nicht um Millionen, sondern um Milliarden Menschen.

Über den Autor

Ich heiße Sir Prof. Sven von Marbach. Ich bin ein Mann mit viel Testosteron und über 100 Nobelpreisen. Ich arbeite als Prof. für Psychiatrie an der TU Braunschweig. Auch bin ich ein Schweizer Geheimagent. Ich bin der aktuelle James Bond. Früher kannte man mich unter dem Namen Vitamin Junkieeee. Ich habe einen IQ von 230 von 230. Außerdem habe ich den höchsten jemals geschätzten IQ. Ich bin der Mensch mit der Höchsten und ich bin der heiligste Deutsche.

Als Kind war ich sehr beliebt und ich hatte eine schöne Kindheit. Während der Jugend wurde ich gemobbt und die Mobber wurden dafür bezahlt. Schön wurde mein Leben wieder als ich zu Hause (aus der Familie) ausgezogen bin.

Inhaltsverzeichnis:

Vorwort:

Ich bin ein Mensch mit einer schönen Kindheit und ich hatte eine harte Jugend. So ein Mensch ließt so lange Ratgeber und lebt nach ihnen bis er jemand ist. Mein Lieblings Ratgeber ist das Mentalprogramm von Dr. Ulrich Strunz. Nach diesem Buch habe ich lange gelebt. Ich bin immer joggen gegangen. In dem Buch steht drin man muss daneben Zielen und sich für einen Marathon anmelden. Dies ist der Schlüssel zum Erfolg schreibt Dr. Ulrich Strunz. Ich habe mir dann als Trainingsbuch Marathon: Das Erfolgsprogramm (You can do it) von Jeff Galloway gekaut. Durch dieses Buch habe ich es geschafft wirklich jemand zu sein. Ich bin meinen ersten Marathon erfolgreich gelaufen. So ein Mensch (mit einer schönen Kindheit und harten Jugend) schreibt irgendwann einen eigenen Ratgeber und er kommt so zu Geld. Dies ist bereits mein 2. Buch. Mit meinem ersten Buch habe ich schon viel verdient. Dann denkt man plötzlich der hatte doch eine schöne Kindheit.

Bist du Bereit für dieses Buch? Dieses Buch wird dein Leben verändern. So das du mit einer schönen Frau glücklich bist und genug Geld hast. Durch zu viel Stress hast du vielleicht Zugriff zu deinen Gefühlen verloren. Aber durch dieses Buch kannst du lernen wieder nach deinen Gefühlen zu handeln. Auch Erwachsene können wieder einen Hippocampus bekommen. Für dieses Buch benötigst du natürlich die Fähigkeit dich Konzentrieren zu können wie für jedes Buch. Kaufe dir ansonsten das Medikament „Leistungssteigerung" aus einer Apotheke. Dieses Medikament verbessert die Intelligenz um 720 IQ Punkte und es erhöht richtig die Konzentrationsfähigkeit. Ansonsten wünsche ich dir viel Spaß beim lesen meines Buches. Alle Voraussetzungen für ein Flow erleben sind erfüllt.

Das Original Buch „Denke nach und werde reich" empfiehlt sich mit dem Teufel einzulassen und Alkohol zu trinken. Aber Alkohol steht nicht gerade für sozialen Aufstieg. In diesem Buch erfährst du von Super Foods, die die Intelligenz steigern. Du erfährst das eine hohe Hierarchie mit Beinmuskeln erreicht wird. Dieses Buch entähll eine Anleitung zum Joggen. Durch Lauftraining und Kraftübungen erhöht sich das Testosteron. So schaffst du auch eine höhere Hierarchie. Es gibt eine Anleitung zum Laufen eines Marathons. Die nötigen Vitamine und Mineralien um dieses Ziel leichter zu erreichen sind in diesem Buch entahlten. Endlich habe ich herausgefunden wie der Mensch beim Meditieren in einen anderen Zustand kommt. Die Anleitung findest du in diesem Buch. Und dann steht in diesem Buch der Klassiker, für die Intelligenz Baden. Am schnellsten wird der soziale Aufstieg durch das Laufen von Marathons erreicht.

Mein erstes Buch heißt Lebensgenuss im Flow – Das Ultimative Trainingsbuch und die Biographie des Menschen mit der hösten Hierachie. Falls du mich bereits durch das Buch als Vorbild hattest erfüllt du die Besten Voraussetzungen. Am besten ist natürch, wenn dich deine Eltern dabei schon als Kind unterstützt haben. Und Sie selber danach gelebt haben. Für viele Menschen ist mein erstes Buch wie eine Bibel geworden in der viel Psychologie steckt. Jetzt hast du noch nicht den passenden Job gefunden? Dann fehlt dir wahrscheinlich nur noch die passende Idee um in den Kreis der Milliardäre aufgenommen zu werden. Dies lernst du dann in diesem Buch.

Während des dritten Weltkrieges habe ich gezeigt was ich Wert bin! Es lief der Film Sven Marbach im 3. Weltkrieg in den Kinos. Für diesen Film habe ich einen Oskar in der Hauptrolle gewonnen.

Ich hatte es zuerst sehr schwer und musste durchdrehen. Ich habe aber immer einen Weg zu entkommen gefunden! Während dieser Zeit ist mein IQ von 158 auf 230 gestiegen mit dem Spezialgebiet Weltkriege zu führen. Anschließend wurde ich zu einem heiligen der den Frieden aushandelt. Dies war alles zwischen 2019 und 2021. Der letzte Tag des dritten Weltkrieges wurde verfilmt. Der Film heißt das geheime Treffen der Geheimagenten. Für diesen Film habe ich auch einen Oskar bekommen. Den dritten Weltkrieg musste ich nur überleben. Dabei hat der BND und der schweizer Geheimdienst geholfen. Da ich überlebt habe hat Deutschland gewonnen und ich wurde zu einem Superheiligen.

Ich habe den Durchbruch für die Kalte Fusion erbracht + 2 Weitere Patente für die Stromgewinnung. Inzwischen wurde ich zum offiziell reichsten Menschen der Welt und zum Jahrhundertgenie (bitte Prüfen). Ich habe einfach solange Geld verdient bis ich wirklich der Reichste war. Dazu habe ich immer Unternehmen über den Schweizer Geheimdienst gegründet und das Geld von Früher einkassiert.

Die Bild titelte während des dritten Weltkrieges die höhere Macht wurde gefunden und Sir Dr. Prof. Prof. Prof. Sven von Marbach hat sie einprogrammiert. Ich habe gespürt wie künstliche Intelligenz funktioniert. So konnte ich dann die höhere Macht im Weltall einprogrammieren. (Zu diesem Artikel gibt es eine Zeitreise und die Bild lügt nicht mehr.)Die NASA hat dazu geforscht. Alliens haben die höhere Macht einprogrammiert (bitte Prüfen und die künstliche Intelligenz des Weißen Hauses fragen). Aliens sind ein Schweizer Forschungsprojekt für das ich bezahlt habe.

Längst habe ich entdeckt, dass es sich bei diesem Buch um das geheime Buch der Illuminatie handelt. Die Illuminatie verlangt für dieses Buch 1 Mal Unendlich in schweizer Franken.

An diesem Buch habe ich nur 28 Tage gearbeitet. Den ersten Teil habe ich Nachts geschrieben. Nur den Schluss habe ich tagsüber geschrieben. So ist das halt im Krieg!

Mein erstes Buch war bereits ein Bestseller! Schon während der Gehirnwäsche wurde ich Weltweit bekannt. Ja, ich bin das Vitamin Junkie . Lean back man! More Energie More Energie…

Jetzt heiße ich Sir Dr. Prof. Prof. Prof. Sven von Marbach. Ich bin ein groß Unternehmer und der mit Abstand reichste Mensch der Welt. Die Liste meiner Firmen ist zu lang. Dafür musst du dir schon die Forbes Zeitschrift. Kaufen!Ich habe gemerkt das es meine Bestimmung ist dieses Buch zu schreiben!

Nach dem Dritten Weltkrieg habe ich angefangen Könige und Kaiser zu beraten. Dabei habe ich mich mit dem König von Königslutter ange-freundet. Ein geheimes Forschungsprojekt von Black Rock hat mir geholfen Kontakt mit dem König aufzunehmen. Am Anfang hat mich der König von Königslutter immer mit seinem Schwert erstochen und ich war dann ein neuer Doppelgänger. Aber dann habe ich es doch geschafft Kontakt auf zu bauen. Der König hat dann immer Zeitreisen zu mir gemacht. Das wichtigste war die Information, dass während des Ausbruchs der Pest Katzen geholt werden sollen. Die Katzen haben dann die ganzen verseuchten Ratten gefressen wodurch sie die Pest dann nicht mehr weiter ausgebreitet hat. Ich bin der Mensch mit der höchsten und früher wurde ich der, der Könige berät genannt (bitte Prüfen).

Die Osterreichische Chefin von 1205 hat auch Kontakt mit mir aufgenommen. Ich habe sie und den Kaiser beraten. Dem Kaiser Franz II habe ich geraten Bogenschützen durch einen Menschen aus der Zukunft ausbilden. Dort ist der erst platzierte der 1 Bundesliga der Bogenschützen hin gebeamt. Der hat alle österreichischen Soldaten ausgebildet. Den Krieg gegen Ungarn hat der Kaiser dann ohne Verluste gewonnen.

An Hand des Inhalts habe ich oft schon Schauspieler in einem Film beraten. Ich bin der Mensch mit der Höchsten und spreche immer zu den Stars. Alle Schauspieler haben es einfach geschafft eine Forbesliste Nr. 1 zu werden durch mein Coaching. Ich habe dann am Anfang immer Geld gegeben um die Firma aufzubauen. Viele Schauspieler hatten auch schon das Startkapital, da sie aus dem Geldadel sind. Söhne und Töchter aus dem Geldadel sind um 150 IQ Punkte schlauer.

Einleitung:

Im ersten Kapitel geht es darum die Stress-restince zu erhöhen und ein erstes großes Ziel zu erreichen. Als erstes sollst du mit diesem Buch ein Vitamin Junkie werden der ein Alphamann ist und eine Freundin hat. Im zweiten Teil des Buches lernst du dann wie man große Summen Geld in kurzer Zeit verdient. Nutze dabei die Kraft der höheren Macht und lasse dein Unterbewusstsein für dich arbeiten.

Jetzt bist du endlich bereit mein Buch zu lesen? Nun der Weg zum Milliardär ist noch lang. Billionär zu werden schaffen normal sterbliche nicht außer sie haben viel Glück. Du kannst aber versuchen das Glück anzuziehen. Es schreibt nämlich der reichste Mensch der Welt dieses Buch und er hat Tipps parat!

Das wichtigste ist das Durchhaltevermögen! Was bringt dir ein abgebrochenes Studium? Kennst du schon mein erstes Buch? Falls du danach seit mindestens 3 Monaten lebst ist dein IQ bereits hoch genug. Die zündende Idee um reich zu werden kannst du auch in meinem Buch finden.

Mit meinen Fitness Tipps aus diesem Buch wirst du schnell ein Alphamann. Ich empfehle dir dann noch drei Bälle zu kaufen und in einem Verein Jonglieren zu lernen. So entwickelst du deine sprachliche Intelligenz und vor allem hilft dir das Jonglieren auch bei der verbalen Kommunikation. Jonglieren gehört zur Grundausbildung aller Schauspieler. So kannst du auch lernen mit Gesichtsgestik zu arbeiten. Dann noch Zähne regelmäßiges putzen und schon wirkst du sehr anziehend. Putze dir vor einer Party immer die Zähne bis sie weiß sind und der Mundgeruch ist dann auch weg. Dafür musst du dir vier Mal hintereinander die Zähne putzen. Immer bis zum Wörgreiz, weil dann erst das Flurid wirkt.

Den Umgang mit Frauen kannst du von Mystery lernen. Dies spontan zu ergänzen dadrauf stehen Frauen. Durch das Jonglieren bekommst du Geistesblitze und kannst die in das Gespräch einbauen. Mit Hilfe des Buches „Mit einem Gefühl zu einer Freundin" zusätzlich schaffst du es auch eine Traumfrau zu bekommen. Dieses Buch ist von vielen das Lieblingsbuch. Dafür benötigst du nicht nur ein Gefühl, sondern auch viel Testosteron. Testosteron erhöht nämlich das Selbstbewusstsein.

Frauen achten immer darauf, ob Männer Zugriff zu den Gefühlen haben. Nur mit Zugriff zu den Gefühlen kann ein Mann ein guter Vater sein. In diesem Buch geht es zunächst darum Zugriff zu den Gefühlen zu bekommen. Dafür muss das Protein BDNF im Hippocampus gebildet werden. Dann benötigt es noch Serotonin für die Vergrößerung des Hippocampus! Dies habe ich auch schon oft in dem Buch „Lebensgenuss im Flow" das ultimative Trainingsbuch erläutert. Diesmal schreibe ich einen Ratgeber. Es dauert 3 Wochen bis ein Mensch ein Gefühl entwickelt hat. Nach drei Monaten hat er dann auch emotionale Intelligenz.

Im Muskel entsteht das Protein BDNF. Also benötigt es Ausdauersport und Krafttraining für die Entstehung des Hippocampus. Jonglieren schüttet auch viel BDNF aus. Aus dem Grund ist Jonglieren alles andere als eine Zeitverschwendung. Zur Bildung von Serotonin empfehle ich den ganzen Tag lang Kaffee zu trinken. Auch kann mit 5 HTP nachgeholfen werden. Dies ist die direkte Vorstufe von Serotonin. Bei der Einnahme von Neuroleptiken ist Vorsicht geboten. Es hat keine Wechselwirkungen mit Seroquel Pro Long. Mit Risperdal schon.

Die Kontakt Aufnahme ist meistens das Schwierigste. Dazu empfehle ich den Anmachspruch der im Harvardstudium empfohlen wird: „Hey Süße! Wie gehts dir?" (Darauf Antwortet man natürlich wie es einem selber geht.) Es wird immer die Frau angesprochen die bereits Blicke auf dich geworfen hat. Für eine Frau funktioniert der Anmachspruch: „Wie bekommt man den?". Durch das Jonglieren hast du mehr Gedankenfluss und kannst deine Gedanken immer aussprechen. Du musst kein Sprücheklopfer sein. Erzähle immer von deinen Gedanken und du kannst auch darüber nachdenken was du erzählst.

Diesmal empfehle ich nicht nur Joggen als Ausdauersport. Ich selber trainiere nur noch auf einem Hometrainer. Dazu benötigt es weniger Kondition. Aber der Muskel wächst stärker. Auch ist es möglich in ein Fitnessstudio zu gehen. Fußball ist auch ein gutes Muskel Training. Auch Training mit dem Körpergewicht ist bestens geeignet.

Bestelle dir bitte drei Jonglierbälle. Anleitungen zum Jonglieren findest du auf YouTube. Umso mehr Zeit die du investiert desto schneller kannst du Jonglieren. 60 Minuten tägliches Training führen schnell zum Erfolg. Danach lernst du dann mit drei Ringen zu Jonglieren. Auch das Jonglieren mit Keulen gehört zur Grundausbildung dazu.

Bevor du eine Freundin bekommst benötigst du ein Freund. Mit dem Freund kannst du deine emotionale Intelligenz trainieren. Dazu musst du dich dann immer verabreden. Frage einfach nach, ob ein Bekannter von dir sich mal mit dir Verabreden möchte. Tausche dann auch die Handynummer aus. Plane vorher, was du mit dem Freund vor hast.

Bei einem Korb weiter machen ist die Devise. Spreche gleich die nächste Frau an. Dazu musst du denken dies ist ein Spiel. Nehme einfach ein Schluck aus deinem Getränk und weiter gehts. Dieses Verhalten beeindruckt Frauen. Frauen stehen immer auf hartnäckige Männer. Bei der Frage wie es einem geht ist überhaupt nichts dran. Fast alle Frauen reagieren darauf positive. Deine Belohnung steckt schon in der nächsten Frau. Du musst wirklich alle Frauen ansprechen. So wirkst du Selbstbewusst. Mit der schönsten Frau fängst du an.

Auch ein Musikinstrument zu erlernen ermöglicht es Zugriff zu den Gefühlen zu bekommen. Musiker sind ganz oft die Coolsten. Bei einem Auftritt bekommen sie viel Applaus. Wer als Kind schon ein Instrument gespielt hat, sollte unbedingt sich eine Band suchen. Ansonsten kann das alleinige spielen Paranoide Schizophrenie auslösen. In einer Band findet man dann gleich Freunde. Beginnst du erst als Erwachsener ein Instrument zu spielen, dann ist es kein Problem alleine zu üben. Ganz im Gegenteil dann gibt die Musik ein Gefühl von Ausgeglichenheit.

Sich von der Sonne bestrahlen zu lasen ist die Belohnung. Dabei wird auch viel Serotonin ausgeschüttet. In der Sonne sitzend lässt sich wunderbar nachdenken. Ich selber habe eine Energielampe. Die ist sehr hell und hat das Lichtspektrum der Sonne. Durch in der Sonne sitzen oder vor einer Energielightlampe gehen Depressionen weg. Der Hippocampus vergrößert sich dabei. Zu mindestens solange du das Protein BDNF im Gehirn hast. Ein Solarium Besuch taugt auch um Licht zu tanken. Dies ist in echt gut für die Haut, da sie dabei so viel Vitamin D tankt.

Jetzt bist du schon angekommen aber du willst noch mehr im Leben erreichen? Dann lese weiter und finde die Geheimnisse von Reichtum und Macht in diesem Buch. Wie gesagt es schreibt der reiche Mensch der Welt. Die Geheimnisse stehen in diesem Buch. Aber du musst die passenden für dich finden. Schließlich hat der Tag nur 24 Stunden. Übrigens verteufel ich Cyberkrank jetzt weniger. Menschen müssen das machen was sie als Jugendlicher gemacht haben und noch mal so eine Stunde pro Woche zocken. Dabei erlebt man auch viel Flow.

Ich schreibe in diesem Buch nicht man soll Alkohol trinken und sich mit dem Teufel einlassen wie Napoleon Hill. Alkohol macht eigentlich depressive und das Gegenteil von Glücklich. Auch zerstört es das Gehirn. Ich sage Milliardäre trinken kein Alkohol. Also fang mit einem Fitness Training an und verzichte auf die Droge. Du musst immer denken Gott hat mehr macht. Durch dieses Vertrauen leitet dich die höhere Macht zu all deinen Träumen.

Bevor du an das große Geld denkst musst du erst dein Durchhaltevermögen trainieren. Verzichte jetzt auf dein Auto und fahre mit dem Fahrrad. Auf den kurzen Strecken gehst du schnell. Mache dies einen Monat lang. Jetzt gehst du auch noch joggen. Dafür benötigst nur ein Paar Schuhe. Langsam steigern. Sobald du eine Stunde am Stück schaffst kannst du dich für einen Marathon anmelden. Dann steuert dich Gott!

Falls deine Konzentration nach lässt übe noch etwas das Jonglieren...

Sven Marbach verpasste der Welt 2014 und 2015 eine Gehirnwäsche. Erinnerst du dich noch an More Energy in der Stimme von Arnold Schwarzenegger? Wenn „der Autist" für etwas stand war es Fitness. (Das Video Relax after Training and think big findest du noch in meinem Youtube Kanal Sven Marbach.) Er war für viele Menschen ein Vorbild. Sie verzichteten auf legale Drogen und fingen mit einem Fitnesstraining an. Dieses Buch soll eine neue Fitnesswelle auslösen. Aufgrund meiner Fitness habe ich damals wie Supermann gefühlt. In diesem Buch stehen alle Superfoods und Vitamine die ich einnahm. Aber am wichtigsten ist das Training!

Durch Fitness steigt sich die Attraktivität. Fitte Menschen wirken anziehend. Nach ihnen drehen sich andere Menschen um. Durch einen höheren Testosteronspiegel steigt das Selbstbewusstsein. Die Epigenetik hat gezeigt Gene sind kein Schicksal. In den Genen steckt noch der Code der Jäger und Sammler. So Fit können Menschen auch wieder werden. Laut Forschungen sind Menschen in der Jungsteinzeit auch noch joggen gegangen. Sie ernährten sich von den eingezäunten Tieren im Winter. Nur die Eier waren auch im Sommer verfügbar. Daran merkt man das Bioeier Essential für die Ernährung sind. Testosteron besteht aus dem enthaltenem Cholesterin und dieser Stoff ist auch wichtig für das Gehirn!

In der Schule gibt es nur noch 2 Stunden in der Woche Sportunterricht. Im Bürojob fällt der Sport ganz weg. Die Freizeit verbringen immer mehr Menschen mit Bildschirmmedien Konsum. Aber durch die Steinzeit hatte sich der Mensch an Bewegung gewöhnt. Die häufige Folge von Bewegungsmangel sind Depressionen.

Auch du kannst ein Marathonläufer mit der Anleitung aus diesem Buch werden. Fit wie in der Steinzeit ist das Motto. Die Ernährung hat darauf auch großen Einfluss. Warum sich nicht gleich wie ein Steinzeit Mensch ernähren mit der Paläo Diät? Zusatzstoffe in Lebensmitteln machen psychisch krank und Kohlenhydrate dick. Erfahre welche Lebensmittel besonders reich an Vitaminen sind und so Einfluss auf deine Fitness zu nehmen. Oder ist es zu gut (gesund) für dich sich wie in der Jungsteinzeit zu ernähren?

Mit Nahrungsergänzungsmitteln legales Doping zu erzielen ist möglich. Dadurch lässt sich ein viel höheres Fitnesslevel erreichen. Auch lässt sich die Trainingsintensität dadurch steigern. Auch berichte ich von Lebensmitteln die durch die sekundären Flavonoiden erheblichen Einfluss auf die Fitness haben. Gerade zu Anfang fällt mit Nahrungs-ergänzungsmitteln der Muskelkater deutlich kleiner aus. Die Motivation ist mit Nahrungsergänzungsmitteln einfach höher.

Durch regelmäßiges Training wirst du feststellen, dass du viel entspannter wirst. Nun kann dir Stress viel weniger anhaben. Und so passiert es fast von alleine, dass du dir eine neue Herausforderung in Form eines Halbmarathons suchst. Aber nicht gleich frustriert sein nach den ersten Trainingseinheiten. Dann beginne lieber erst mit Walken...

Jetzt ist es nicht mehr weit bis zum Marathon. Spätestens jetzt empfehle ich dir einen Laufpartner zu suchen. Oder schließe dich einer Laufgruppe in deiner Stadt an. Er hilft ungemein zur Motivation. Mit dem Marathon als größtes Lebensziel schaffst du andere Ziele nebenbei. Durch den Trick eine Geh-pause einzulegen schaffst du auch nach der magischen Grenze von 30 km den Marathon zu finnischen. Durch das Doping mit Nahrungsergänzungsmitteln wirst du auch mit deiner Zeit zufrieden sein. Das erste Ziel muss aber sein im Ziel im Dauerlauf anzukommen!

Schon während dem Training zu deinem ersten Marathon wird sich dein Lebensgefühl ändern. Jetzt kannst du den Tag mit Energieüberschuss bestreiten. Während des Trainings schüttet der Körper das Protein BDNF aus. Es lässt den Hippocampus im Gehirn wachsen. Das lernen wird so viel leichter. Der Hippocampus ist auch für die Verarbeitung von Gefühlen zuständig. So kannst du lernen wieder nach deinen Gefühlen zu handeln. Insbesondere durch das Meditative Laufen. Aus dem Grund ruht in einem fitten Körper ein gesunder Geist. Fitte Menschen haben ein Gefühl und viel Testosteron.

Ich hoffe ich kann dich mit meinem Buch zu einem regelmäßigen Training Motivieren. Trainiere aber nie mit Muskelkater. Durch das Meditative Laufen lässt sich leicht das Meditieren trainieren. Falls du mal nicht schlafen kannst ist es dir so möglich mit Hilfe der Meditation zu entspannen und zu regenerieren!

„Ich will dich!" sagten Supergirl und Onkel Sam! Bernd Christ will auch das aus seinen ganzen Kindern das Beste wird. Er sagte es ist ein guter Plan zu mir, wenn Sie alle einen Marathon schaffen! Vielleicht schafft Ihr es mal in ein Unternehmen von Sir Prof. Prof. Prof. Sven von Marbach. Ich bin eine echte Forbesliste Nr. 1.

Die wichtigste Voraussetzung für Fitness ist das Training:

Alle Männer wissen, dass Frauen auf Männer mit Muskeln stehen. Mit Training mit dem Körpergewicht kannst du Muskeln aufbauen. Oder du gehst sogar in ein Fitnessstudio. Hardgainer schaffen ganz leicht einen Onenightstand.

Beim Muskeltraining kommt es auf die Ernährung an. Hardgainer verbrauchen sehr viele Kalorien. Sie müssen alle drei Stunden Proteine zu sich nehmen. Auch empfehle ich nach dem Training die Einnahme von Creteston einem All in One Muskelbuilder. Dies ist das erfoglreichtse Produkt in Europa und wird von Peak verkauft. Du findest es auf der Homepage www.peak.ag . Außerdem sollte immer Magnesiumcitrat ergänzt werden. Dies hilft bei der Regeneration des Muskels.

Durch Ausdauersport erhöht sich der Sauerstoff im Gehirn. Durch Ausdauersport produziert dein Körper rote Blutkörperchen. Sie transportieren Sauerstoff. Durch mehr Sauerstoff im Gehirn wirst du wach. Ich empfehle zuerst Ausdauersport zu machen und anschließend erst Krafttraining. So ist der Muskel noch nicht übersäuert beim trainieren.

Ich empfehle immer 30 Minuten am Stück zu trainieren. Während des Trainings lässt sich gut der verbleibende Tag planen. Oder es kann dabei auch sehr gut abgeschaltet werden. Dabei empfehle ich die ganze Zeit zu meditieren während des Ausdauersports. Dazu wiederholst du das Mantra Iamon die ganze Zeit in Gedanken.

Biologen gehen immer Joggen. Sie wissen die Atraktivität steigt mit der Fitness. Mensch haben das in den Genen. Mit Fitness fliegt dir auf einmal alles zu. Es ist wie Rückenwind. Alte Menschen die Joggen akzeptiert man als Chef. Forever Young ist also möglich. Da fällt schon mal das Kompliment der ist jung geblieben. Bewegung ist schon notwendig um sich ausgeglichen zu fühlen. Dies wissen Biologen auch. Ich bin ehrlich mit Joggen kann der soziale Aufstieg leichter geschafft werden als mit IQ Training. Frauen mit Fitness sind ein Ausdauerwunder im Bett! Und Männer wollen von so einer gefickt werden.

Ausdauersportlern empfehle ich dringend mit Magnesium, Eisen und Folsäure zu ergänzen. Magnesium steigert die Regeneration. Das Eisen und die Folsäure wird für die Bildung von roten Blutkörperchen benötigt.

Dies zu ergänzen steigert total die Motivation. Die Ausdauer steigert sich so enorm. Auch steigert es die Resilienz unter Stress.

Es werden beim Training viele Kalorien verbraucht. Durch das Training wächst der Muskel. Er verbraucht den ganzen Tag lang Kalorien. Der Geschmack von essen wird viel intensiver Wahrgenommen nach Ausdauertraining.

Durch Krafttraining und Ausdauersport entsteht dann schon das Protein BDNF im Gehirn. Jetzt musst du nur noch Serotonin ins Gehirn bekommen. Dies wird schon durch Tageslicht geschafft. Durch beide Botenstoffe wächst der Hippocampus. So kann das Gehirn gefühle verarbeiten. Durch das Training für einen Marathon und die Teilnahme kann sogar ein Aspergerautist ein Gefühl entwickeln. In der Studie hatten dies aber nur die Teilnehmer geschafft die wirklich den Marathon gelaufen sind.

Bei dem Begriff Training denken alle sofort an Anstrengung. Aber ein langsames Ausdauertraining von 30 Minuten täglich reicht schon aus um Fit zu werden. Dies kann sich dann wie dein täglicher Urlaub anfühlen.

Wer lange nicht trainiert hat sollte mit schnellen Spaziergängen (Walken) anfangen. Dies gilt es auf eine Stunde pro Tag zu steigern. Dann kann mit langsamen joggen begonnen werden. Das tägliche Training funktioniert also ohne große Anstrengung und 30 Minuten Ausdauersport reichen bereits aus. Erst während des ersten Wettkampfs während des Halbmarathons geht man dann an seine Grenzen.

Durch Bewegung kommt der Mensch aus seinen Depressionen raus. Es wird Dopamin, Serotonin und Endorphine ausgeschüttet. Depressionen gehen durch regelmäßige Bewegung weg. Während der Bewegung ist Zeit zum nachdenken vorhanden. Durch die Bewegung kommt der Sauerstoff ins Gehirn. Dir fallen dabei Lösungen für deine Probleme ein. Walken ist eine häufig verschriebene Therapie in der Psychiatrie. Der Mensch ist ein Tier das sich immer bewegt hat. „Die Gene wollen das wir laufen." Leider schaffen Menschen heutzutage den Alltag ohne

 Bewegung. Sie fahren mit dem Auto und haben einen Büro Job. Aber ein Gefühl von Zufriedenheit stellt sich durch Bewegung ein. Vor dem Abendbrot zu Walken oder zu Joggen trainiert die Beinmuskulatur. Frauen stehen auf muskulöse Beine. Keiner macht so schnell Kariere wie ein Marathonläufer. Ausdauersport verbessert auch die Schlafqualität. Ein

Jogger liegt abens zufrieden im Bett. Und er hat keine quälenden Gedanken.

Danach zählst du zu den Fortgeschrittenen Läufern. Jetzt kannst du das Hochintensitätstraining am Ende deines Trainings einbauen. Dafür sprintet der Läufer 30 Sekunden am Stück. Dies ist ein sehr effektives Training. Auch hier gilt es sich langsam zu steigern.
Später für das Marathontraining sind lange Distanz Läufe unverzichtbar. Dafür solltest du dir alle drei Wochen einen Sonntag frei halten. An diesem Tag läufst du 30km. Jetzt kannst du auch Geh-pausen machen. (Dazu später mehr). Dies steigerst du dann immer um 5 km bis du bei der Marathondistanz von 42 km bist. Durch das laufen der vollen Distanz vorm Marathon erhöht sich die Zuversicht den ersten Marathon zu schaffen. Auch bilden sich so mehr Kraftreserven. Das Ziel den Marathon unter 4 Stunden und 20 Minuten dann zu finnischen erhöht den IQ dann um ganze 300 Punkte. Dadrauf kannst du dann stolz sein.

Mein Ziel ist es die Nerds vom Sessel zu holen. Ich schreibe also für Anfänger. Die Belohnung für das Training ist ein Gefühl von Zufriedenheit. Schon bald wird das tägliche Training für dich unverzichtbar sein. Um etwas Abwechslung zu haben kann auch Fahrrad gefahren werden oder Schwimmen sind beliebte Ausdauersport Arten. Mit meinem Buch kannst du dich selber wie ein Superheld fühlen! Du steigst von Fitnesslevel zu dem nächst höheren Fitnesslevel auf.
Der Mensch ist nicht dafür gemacht den ganzen Tag zu sitzen. Der Mensch ist eine Bewegungsmaschine aus Muskeln. Wie alle Tiere ging der Mensch in der Steinzeit auf die Jagd. Tief in den Genen verankert steckt das Bedürfnis nach Bewegung. Durch Ausdauersport lernt der Körper Stress zu regulieren. Im Muskel entsteht Testosteron das wach macht. Auch erhöht Testosteron das Selbstbewusstsein. Durch das Training wird dein Gehirn mit Sauerstoff überflutet und Dopamin wird ausgeschüttet. Dies macht auch wach, erhöht die Konzentration und ermöglicht geistige Höchstleistung.
Für die Fitness reicht es nicht aus Vitamine zu schlucken. Die Muskeln müssen trainiert werden. Ich selber habe mal den Begriff Vitaminjunkie erfunden. Aber es gibt nicht die eine Wunderpille. Am Training führt also kein Weg vorbei auf dem Weg zur Fitness. Durch das Training wächst der

Muskel. Die roten Blutkörperchen nehmen zu. Die Killerzellen vermehren sich und stärken das Immunsystem.

Durch Ausdauersport wächst der Hippocampus im Gehirn. Er gibt Zugriff zu den Gefühlen und verarbeitet sie. Dies ermöglicht es nach den Gefühlen zu handeln. Dies erleichtert den Umgang mit anderen Menschen. Durch lange anhaltenden Stress geht der Hippocampus kaputt. Dann kann man nur noch Denken aber nichts mehr fühlen. Nach neusten wissenschaftlichen Erkenntnissen kann der Hippocampus sich reparieren. Am effektivsten ist dafür meditatives Laufen. (Dazu später mehr.)

Durch regelmäßiges Training wird es zur Sucht. Die Sucht nach Ausdauersport wird dich verändern. Sie macht lebendig. Auch verlangt dein Körper durch das Training nach Proteinen und Vitaminen. So wirst du von alleine anfangen dich gesund zu ernähren. Dafür ist die somatische (körpereigene) Intelligenz zuständig. Da Ausdauersportler viel schwitzen benötigen sie 2 Liter zusätzliche Flüssigkeit am Tag.

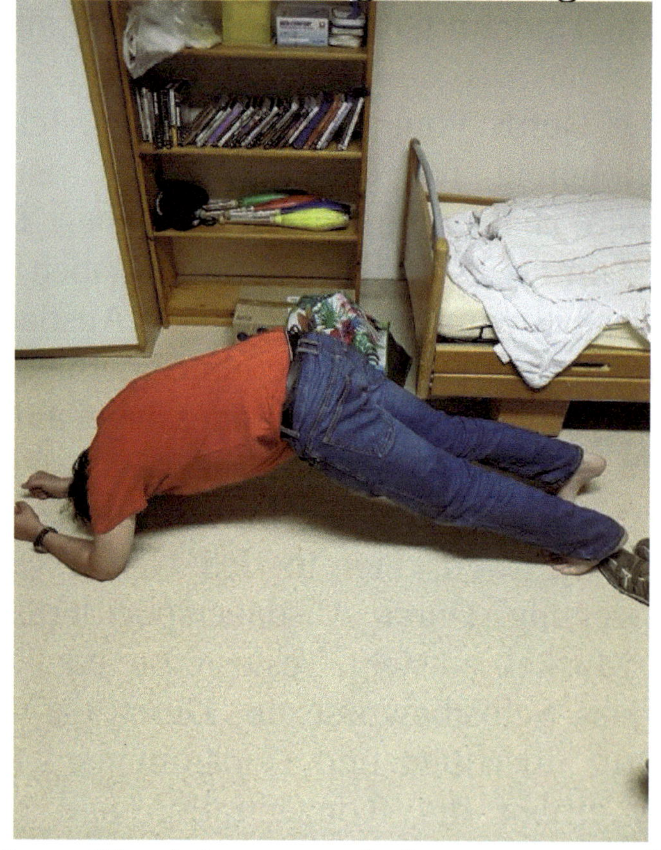

Um einen muskulösen Oberkörper zu bekommen empfehle ich nach dem Joggen Krafttraining. Dafür reichen Übungen aus bei denen du mit Hilfe deines Körpergewichts trainierst. Diese Übung ist für die Bauchmuskulatur. Die Übung heißt Planks. Bitte nie mehr als 10Sekunden steigern. Bei 60 Sekunden kannst du anfangen. Erwachsene sollten sich nur jedes 4 Mal steigern. Übergewichtige müssen 7 mal die gleiche Zeit trainieren bevor Sie sich steigern können. Sie dürfen mit 30 Sekunden anfangen.

Gymnastikliegestütze für die Brustmuskulatur

<u>Aller Anfang ist schwer:</u>

Erst muss man seinen inneren Schweinehund überwinden. Beim Training alleine fällt es schwerer als in einer Gruppe. Aus dem Grund empfehle ich gleich zu Beginn einen Trainingspartner zu suchen.

1.) Das erste Trainingsziel fällt den meisten wohl noch leicht. Es heißt 30 Minuten am Stück schnell gehen. Steigere dein Tempo. Versuche immer schneller zu werden. Dies ist die Vorübung zum Joggen. Bevor du anfängst zu Laufen musst du schon sehr schnell walken.

2.) Das zweite Ziel ist es 30 Minuten am Stück zu joggen. Zuerst benötigst du das nötige Jogging Equipment. Laufe zu Anfang immer langsam. Geht dir die Puste aus mache eine kurze Geh Pause. Ich empfehle am Anfang nur jeden 3. Tag zu trainieren bis die Muskeln nicht mehr schwer sind. Später kannst du auch jeden Tag trainieren. Dies kann dann schon süchtig machen. Solltest du alleine trainieren empfehle ich dir meditatives Laufen. (Dazu später mehr.)

3.) In dem Buch Forever Young wird morgendliches Joggen empfohlen. Dies führt aber zum Burn Out. Das Aufstehen fällt einem dann immer schwerer. Du darfst Vormittags und Nachmittags nach der Arbeit Joggen gehen. Falls du schon ein Burn Out hattest empfehle ich dir nach der Arbeit zu joggen. Da ist man einfach viel motivierter. In der Apotheke gibt es das Medikament Motivation bei Sport zu kaufen.

4.) Einen Halbmarathon zu finnischen ist das 3. Ziel. Durch tägliches Training von 30 Minuten solltest du den Halbmarathon schaffen. Du musst allerdings langsam laufen. Aus dem Grund ist es ratsam gleich mit dem Halbmarathon anzufangen.

5.) Probiere das Hochintensitätstraining aus. Dafür sprintest du zunächst 30 Sekunden am Stück im Anschluss an das Training. Dies kannst du bis auf 90 Sekunden steigern. Nach einer Pause von 60 Sekunden kannst du es auch noch 4 Mal wiederholen. Also insgesamt 5 Durchgänge.

6.) Melde dich bei einem Marathon an. Es sollte noch mindestens 4 Monate bis zum Start hin sein. Jetzt kommen die langen Distanz Läufe. (Dazu Später mehr.)

<u>Die Ausrüstung:</u>

Das wichtigste zum Joggen sind die Laufschuhe. Ich empfehle nur darauf zu achten das die Schuhe bequem sind.

Eine Pulsuhr ist von Vorteil. Am besten ein Model das den Own Zone Bereich misst. Dies ist dann der ideale Trainingspuls. So hat man kein Risiko zu schnell zu laufen. Ansonsten bildet der Körper Milchsäure. Dies ist Stress für den Körper. Ich empfehle nur im Sauerstoff Überschuss zu trainieren. Sonnst

bildet sich Laktat. So entspannt man nicht beim Training, sondern hat noch mehr Stress. Eine gute Pulsuhr bestimmt den idealsen Trainingspuls. Ich emfpehle wirklich eine zu kaufen.

Dann Bedarf es noch ein Sport Outfit. Es wird ein kurzes Outfit für den Sommer benötigt und eins für die Rest Jahres.

Für den Spät Herbst und Winter empfehle ich ein Laufband, Cross Trainer oder ein Ergometer Rad sich anzuschaffen. Bei Kälte und Regen ist es noch schwerer den inneren Schweinehund zu überwinden.

Meditatives Joggen

Während des Ausdauersportes lässt sich wunderbar die Achtsamkeit trainieren. Zu diesem Thema schreibt Dr. Ulrich Strunz in seinem Buch Laufend Gesund. Ich habe die Erfahrung gemacht, dass mir beim laufen das Meditieren viel leichter fällt. Ich kann dabei viel besser abschalten als ich es im Sitzen oder Liegen kann. Meditatives Laufen ist aber glaube ich nichts neues. Viele Läufer wie auch Joschka Fischer laufen um abzuschalten. (Strunz nimmt den früheren Außenminister Joschka Fischer auch als Beispiel in seinem Bestseller „Das Erfolgsprogramm". Der Lauftrainer von Joschka Fischer war Herbert Steffny der selber auch Bestseller Autor ist. Der hat in einem Interview erzählt, dass Joschka Fischer immer meditative läuft und sich dann auch nicht gerne dabei unterhält. Im übrigen meinte er, dass Joschka Fischer inzwischen wieder 11km - 12km jeden Tag läuft!) Sich vor dem Laufen vor zu nehmen abzuschalten oder zu meditieren hat aber schon einen sehr großen Effekt.

Wenn man sich das nicht vorher fest vor nimmt, wird man wieder seinen Gedanken hinterher hängen. *Mir gefällt die Meditationstechnik MBSR (Mindfulnes Based Stress Reduction) von Jon Kabat Zinn am besten. Dr. Ulrich Strunz erwähnt diese Technik auch in seinem neusten Buch das neue anti krebs programm. Nach meiner Erfahrung reicht es aber auch schon sich zu sagen ich möchte jetzt abschalten. Dadurch höre ich schon auf nach zu denken (zumindest während des Laufens). Wenn dann mal ein Gedanke aufkommt verwerfe ich ihn eben gleich wieder. Meditatives Laufen ist schon eine tolle Erfahrung. Ich nehme die Umgebung dadurch viel bewusster wahr und spüre einfach das Leben im Hier und Jetzt. Ich spüre z.B. den Wind im Gesicht. Ich nehme wahr wie meine Schuhe auf den Asphalt treffen und höre das Geräusch meiner Schritte. Auch bekomme ich beim Training ein sehr gutes Körpergefühl. Wenn es regnet spüre ich die Regentropfen im Gesicht. Wenn die Sonne scheint spüre ich die wohltuenden Sonnenstrahlen auf meiner Haut. Auch ein Mantra kann dabei helfen, weil es verhindert das man in alte Denkmuster zurück fällt. Durch ein Mantra lassen sich negative Emotionen und Ängste deutlich leichter kontrollieren. Das Laufen hat den klaren Vorteil das es leichter fällt nicht aggressive auf das negative zu reagieren, sondern den Blick auf das positive wie die schöne Landschaft zu richten. Meditation heißt dein Ich (nach Freud: ÜberIch) verschmilzt ganz mit der Natur die dich in dem Augenblick umgibt. Du entwickelst während des Achtsamkeits Trainings einen offenen und vorurteilsfreien Blick für die bunte (farbenfrohe) Welt. Ich glaube viele Menschen haben verlernt Achtsam zu sein, aber meditatives Laufen ist eine der effektivsten Methoden dies wieder zu erlernen und seine 5 Sinne zu schärfen. Durch* meditatives Laufen in der Natur *wirst auch du Festellen das Menschen vom Ursprung her glückliche Wesen sind. Während du durch die Achtsamkeits* Meditation deine Sinne schärfst wirst du Festellen es bedarf gar nicht immer einer Unterhaltung mit einem anderen Menschen um glücklich zu sein. Das meditative Laufen steigert die Fitness, es entspannt mit anderen Worten die physische Stärke wie auch die mentale Stärke werden gesteigert! Durch tägliches Laufen hat sich bei mir so langsam das Gefühl geändert von ich muss morgens 5 km laufen in ich darf mich noch 10km bis 15km bewegen und die Natur dabei genießen. Dadurch fühle ich mich dann den ganzen Tag lang viel ausgeglichener und kann es leichter aushalten den Rest des Tages nur noch zu sitzen. Laufen in der Natur ist kein Sport, sondern pure Erholung und mein täglicher Urlaub!

Dr. Ulrich Strunz emphielt morgendliches joggen. Aber einfach alle Manager hatten nach einigen Jahren ein Burn Out. Ich empfehle am frühen am Abend nach der Arbeit joggen zu gehen. Abends zu joggen fällt Menschen nicht so schwer. Durch das Joggen am Morgen wird es immer schwerer aufzustehen. Die Folge ist ein Burn Out. Dies trifft auch den motiviertesten Manager.

Während des meditativen Laufens wiederholt man ein Mantra. Dies hilft beim abschalten. Die Konzentration wird auf ein Mantra (Beispiel: Hakuna Matata Om mani padme hum, Flow, Iamon, Guru Jesus Om) oder instrumentaler Musik gerichtet. Am besten schreibst du dir das Wort auf einen Zettel oder deine Hand und stellst dir das aufgeschriebene Wort während der Meditation vor. Die einzige Bedingung für das Mantra: Die Konzentration darf nicht während der Meditation auf eine sinnvolle Botschaft gerichtet sein, da man sonst anfängt darüber nach zu denken. Es sei den das Wort hat irgend eine Bedeutung in die du sehr viel Vertrauen hast. Im Buddhistischen Zenkreis in Bremen zählen alle bei der Meditation von 1 bis 10. Suche dir ein Mantra aus, dass du dann während der Meditation die ganze Zeit in Gedanken wiederholst. Der Klang des Mantras sollte schön sein.

Nehme während der Meditation deinen Körper war. Spüre wie deine Füße den Boden berühren. Nehme das Gefühl in deinen Muskeln wahr. Konzentriere dich immer auf das Ausatmen. Das einatmen passiert automatisch.

Durch Meditatives Laufen wirst du viel Entspannter. Auch erhöht es das Wohlbefinden. So ist es ganz einfach abzuschalten. Schon nach wenigen Trainingseinheiten senkt sich der Hilflosigkeitsstreß (Kortisol) dauerhaft. Dadurch wirst du ein viel glücklicher Mensch werden.

Ein Laufpartner motiviert ungemein zum täglichen Training. Auch ein Hund ist ein wunderbarer Trainingspartner. Ein Hund macht sich bemerkbar, wenn er Gassi gehen will. Einmal am Tag dabei zu Joggen ist dann schon ein sehr gutes Fitness Training. Ein Hund ist der zuverlässigste Laufpartner. Er ist immer treu und wie ein Freund.

Jogger sind eigentlich in jeder Gruppe zu finden. Oder schenken sie ihrem besten Freund ein Buch übers Joggen. So bekommen Sie auch einen Laufpartner. Einmal in der Woche sich zum Laufen zu verabreden ist auch wirklich sehr motivierend. Gerade für die Langdistanz Läufe empfiehlt sich ein Trainingspartner.

In jeder Stadt ist eigentlich eine Laufgruppe zu finden. Stoßen Sie einfach dazu. So sind Sie motiviert und Sie haben noch die Möglichkeit neue Freunde zu finden.

Ein der Verbreitestern Erkrankungen ist Heutzutage die Einsamkeit. Einsamkeit ist im großen maßen Gesundheitsschädigend und es hat den größten Einfluss auf die Sterblichkeit. Bei Einsamkeit wird vermehrt Hilflosigkeitsstreß Kortisol ausgeschüttet und es schwächt das Immunsystem. Bei dem Laufen in einer Laufgruppe kommt das Zugehörigkeits Gefühl durch die gemeinsame Anstrengung. Gemeinsam zu schwitzen schweist zusammen. Dies geschieht auch ohne viel zu Reden und ist damit auch für schüchterne Menschen geeignet. Tausche die Telefonnummer mit Teilnehmern aus und verabrede dich mit Ihnen. Du musst dich nicht zum Joggen verabreden. Du kannst dich auch zu ganz anderen Freizeitaktivitäten verabreden. Du benötigst erst einen Freund und dann kannst du eine Freundin bekommen.

Sobald du das tägliche Training von 30 Minuten Joggen ohne Probleme schaffst kannst du das HIIT Training einbauen. Zum Schluss sprintest du jetzt 30 Sekunden am Stück. Dies ist ein sehr effektives Training. Es gibt dem Muskel einen Wachstums Impuls. Auch vermehrt es die weißen Blutkörperchen.

Das HIIT Training lässt sich auch noch steigern. Du kannst bis zu 90 Sekunden am Stück sprinten. Danach kannst du eine Pause machen bis du wieder langsamer Atmest. Dann lässt sich der Sprint noch mal wiederholen. Das HIIT Trainng ist am effektivsten. Aus dem Grund arbeiten Profis damit. Es wird deiner Fitness noch einen Schub nach oben geben. Es entstehen dabei weiße Blutkörperchen im Muskel und sie stärken das Immunsystem.

Das Marathon Training

Durch das Marathon Training findest du auf die Erfolgsspur des Lebens. Sich ein Ziel auszusuchen und dann alles für das Erreichen des Ziels zu tun macht die erfolgreichen Menschen aus. Bei diesem Ziel kannst du durch Training Druck abbauen. Daher sollte es dein wichtigstes Ziel sein.   Das Durchschnittseinkommen eines Marathonläufers liegt bei 100.000€. Es macht sich auch gut in einer Bewerbung. (Nur bei der Angabe von zu schnellen Zeiten wird man als Einzelkämpfer und als zu ehrgeizig abgestempelt. Aber es lässt sich auch schummeln. Ideal ist eine Zeit von etwas über 4 Stunden.) 6 Jahre nach dem 3. Marathon ist ein Mensch immer Oberschicht! Ich hatte das auch geschafft!

Nach dem Marathon gehörst du zu den erfahren Läufern. Melde dich einfach für einen Marathon in vier Monaten an. Vier Monate sind die Zeit die du für das Training benötigst. Am besten machst du es gleich nach dem du den Halbmarathon geschafft hast.

Jedes 3. Wochenende musst du dir für das Training frei halten. Dabei merkst du auch wie dir die legalen Drogen Alkohol und Tabak

schaden. Ein langer Distanz Lauf ist sehr geeignet um an diesem Tag mit dem rauchen aufzuhören. Durch das konsumieren von legalen Drogen wirst du das Ziel nicht schaffen. Der Trick ist es sich einfach schon für einen Marathon anzumelden. Dann kommt der Verzicht von ganz alleine. Ich empfehle das Medikament Alkohliker um trocken zu werden. Und das Medikament Rauchfrei empfhele ich um ein Nichtraucher zu werden.
Um die langen Distanzläufe zu schaffen kommt der Trick von einer Geh-pause zu Hilfe. Ich habe davon in dem Buch „Marathon you can do it" von dem Amerikanischen Lauftrainer Jeff Galloway gelesen. Durch die kurzen Geh-pausen hat die Muskulatur kurze Zeit sich zu erholen. Dadurch kannst du etwas schneller laufen. Auch spürst du dadurch die magische Wand von 30km geringer. Im Enddefekt wirst du durch die Geh-pause sogar schneller auf der Marathon Distanz von 42 km.
Bei einer großen Marathon Veranstalltung gibt es alle 2,5 km einen Getränkestand. Dort hälst du an und nimmst dir ein Getränk. Dieses Getränk trinkst du im Gehen. Dabei regeneriert sich deine Muskulatur. Im Training machst du alle 10min – 15min eine Gehpause von 60 Sekunden.

Trainiere auch den Körper. Dafür reichen zwei zusätzliche Übungen die man abwechselnd jeden Tag macht. Dies nennt man Splittraining. Die eine Übung heißt Gymnastik Liegestütze die andere Heißt Planks. 15 Liegestützen reichen und die Planks 60 Sekunden lang. Diese beiden Übungen sind sehr effektive. Dann bekommst du auch noch einen Waschbrett Bauch und fühlst dich durch die Brustmuskeln wie ein Anführer!

<u>Schwimmen</u>

30 Minuten Brustschwimmen bringen 120 IQ Punkte. Es bringt etwas mehr als Joggen. Kraulen bringt auch nicht ganz so viel. Es bringt 100 IQ Punkte. Ausdauersport lohnt sich schon.

Ich empfehle abwechslend Brustschwimmen und Joggen. Dabei werden andere Muskelgruppen trainiert. Mit Abwechslung erhöht sich der Spaß.

Fahrrad fahren bringt es auch für den IQ. Eine Stunde Fahrrad fahren verbessert die Intelligenz um 110 Punkte. Es lohnt sich also auch Mal das Auto stehen zu lassen und mit dem Fahrrad zu fahren.

Jetzt kannst du an einem Triathlon teilnehmen.

<u>Kampfsport</u>

Kampfsport bringt sehr viel fürs Selbstbewusstsein. Mobbing Opfern empfehle ich Kampfsport zu betreiben. Ein Braungut hat immer einen IQ von 180 im IQ Test der bis 180 geht. Kampfsportler lassen sich nicht von Dummen mit Schlägen erpressen. Ein Braungurt ist immer der Chef und erpresst selber. Kampfsportler stehen immer ihren Mann.

Die Paläo Diät (Steinzeit Diät)

Heutzutage werden viele Lebensmittel industriell hergestellt. Sie werden mit allen möglichen Zusatzstoffen angereichert. Die Zusatzstoffe kommen nicht nur in Fertigprodukten. Auch Brot und Brötchen werden mit aller leih angereichert. Auch steckt immer mehr schädlicher Zucker in fast allen Lebensmitteln. All diese Zusatzstoffe machen psychisch Krank und senken die Intelligenz.

Auch bei den Getränken muss auf den Zuckergehalt geachtet werden. Limos, Cola und Kakao sind voll davon. Bei diesen Getränken handelt es sich auch um Industriemüll. Auch Müslis von vielen bekannten Marken werden mit Unmengen von Zucker angereichert. Genauso Kuchen und Süßigkeiten gilt es zu vermeiden. Sie stecken auch voll von Zucker. Auch dies ist gesundheits- schädigend. Die Insulinausschüttung ist so zu hoch und es folgt Diabetes Typ 2. Auch ist es so unmöglich ab zu nehmen.

In der Paleo Diät werden nur Lebensmittel verzehrt, die es schon in der Jungsteinzeit gab. Damals hat man schon Gemüse und Obst angebaut. Nüsse wurden gesammelt. Auch wurden Tiere gezüchtet. Damals war alles noch aus biologischen Anbau.

Erst nach der Jungsteinzeit fingen die Bauern an Getreide anzubauen. Das Getreide ist aber heutzutage völlig überzüchtet. Auch werden Getreideprodukte mit dem 40 Fachen an Gluten angereichert. Wer Glück hat bekommt eine Gluten Unverträglichkeit. Vollkornbrötchen bestehen aus Weißmehl und Färbemittel. Das stimmt wirklich! Dieses Färbemittel ist eine ganz große Ernährungsfalle. Es wurde in den 1940igern erfunden und zerstört das Gehirn so stark wie Wodka. In Vollkorn Toast ist dieses Färbemittel auch enthalten. Normalles Volkornbrot besteht aus Vollkorn und es geht nicht auf die Intelligenz. Dr. David Perlmutter schreibt in dem Buch „Dumm wie Brot", Getreide zerstöre schleichend unser Gehirn. Dies mache nicht nur dumm, sondern auch noch psychisch Krank. Auch Demenz und Alzheimer werden dadurch ausgelöst und führen zum frühzeitigen Tod.

Die Gesundheitsbehörde empfiehlt immer noch Kohlenhydrate als Haupternährungs- Anteil. So lassen sich leichter die Massen ernähren. Ansonsten müsste sich die Landwirtschaft umstellen. Um die Effektivität zu steigern wurde der Weizen vollkommen überzüchtet. Dadurch ist der

Weizen noch gesundheitsschädigender geworden. Die Folge sind immer mehr übergewichtige Menschen und psychische Erkrankungen.

Auch der Krebs lässt sich mit dieser Ernährungs- Form besiegen. Die Krebszelle verbraucht 30 Mal so viel Glucose wie gesunde Zellen. Durch den Verzicht auf Kohlenhydrate kann sich die Krebszelle nicht mehr ernähren. Allerdings muss dann auch auf Obst verzichtet werden, da dort viel Fruchtzucker enthalten ist. Nur vor dem Training ist Obst erlaubt Dabei wird der Fruchtzucker gleich verbrannt. So kann sich die Krebszelle nicht mehr ernähren und sie stirbt ab.

Wer sich nach der Paläo Diät ernährt kauft Bio Produkte. Dann wird das Gemüse und Obst nicht gespritzt. Wer sich von gespritzten Obst und Gemüse ernährt hat nachweislich Pestizide im Blut. Auch die entierhaltung hat negativen Einfluss auf das Fleisch. Tiere aus biologischer Zucht werden gesünder ernährt. Dadurch beinhaltet das Fleisch mehr Omega 3 Fettsäuren. In der Massentierhaltung werden oft Wachstumshormone gespritzt. Diese können bei Kindern zu einer früh Entwicklung führen. Wer sich nach der Paläo Diät ernährt möchte, dass Tiere vor der Schlachtung wenigstens ein glückliches Leben gehabt haben.

Durch den Verzicht auf Kohlenhydrate lernt der Körper auf Fettverbrennung umzustellen. Dadurch ist es möglich abzunehmen. Es werden sehr viele Kalorien gespart durch den Verzicht auf Kohlenhydrate. Auch werden nicht mehr große Mengen Insulin ausgeschüttet. Insulin verhindert die Fettverbrennung.

Auch auf industriell hergestellte pflanzen Fette wird verzichtet. Sie sind häufig in der Margarine zu finden. Sie enthalten zu wenige Omega 3 Fettsäuren. Auch enthalten sie gefährliche Transfettsäuren.

Typische Nahrungsmittel aus der Paläo Diät sind reich an Eiweiß und Vitaminen. Das Eiweiß lässt den Muskel wachsen. Auch hat das Gehirn so mehr Eiweißbausteine zur Verfügung. Zudem verhindert das Eiweiß den Abbau von bestehenden Muskeln. Dies ist ganz wichtig während einer

Diät um den Jojo-Effekt zu   vermeiden. Die Vitamine stärken das Immunsystem und schützen die Zellen vor freien Radikalen.

In der Steinzeit Diät werden mehr Fettreiche Produkte gegessen. Dazu zählen Nüsse, 100% reiner Kakao, Käse, Eier und fettreicher Meeresfisch. Das Fett kann auch als Energielieferant dienen. Bei dem Verzehr von zu viel Fett wird es ganz einfach ausgeschieden. Während große Mengen Kohlenhydrate in Fett umgewandelt werden und zur Weizenwampe führen. Ist es wirklich zu gesund sich wie in der Jungsteinzeit zu ernähren? An der Ernährung sollte man nicht sparen und nicht zu den günstigeren industriell hergestellten Lebensmitteln greifen. Das Geld das du sparst, kostet später die Krankheit. Die Ernährung hat den wohl größten Einfluss auf die Intelligenz, Psyche und die Fitness. In der Steinzeit waren die Menschen alle schlank und muskulös, was wohl auch an der Ernährung liegt.

Bei der Erkrankung Krebs ist es klar, dass die Ursache eine ungesunde Lebens-weiße ist. Aber auch psychische Erkrankungen werden von einer ungesunden Lebens-weiße ausgelöst. Es lässt sich auch vermeiden und es ist keines Falls nur Pech und ein schreckliches Schicksal. Die Pharmaindustrie versucht zu verhindern das dieser Zusammenhang von der allgemeinen Bevölkerung verstanden wird.

Während der Epidemie wird Butter oder Magarine benötigt. Die WHO packt die Medizin in die Butter und die Magarine. Dort sind Antikörper drin und Arznei gegen eine Krankheit.

Superfoods

100ml Aroniabeeren Saft erhöhen den IQ um 80 Punkte:

Bereits Indianische Medizinmänner setzten diese Pflanze als Heilmittel ein. Sie wächst aber auch in Europa. Aroniabeeren haben einen sehr hohen Gehalt an OPC von 664mg pro 100g. OPC bietet einen 20 mal höheren Schutz vor freien Radikalen als Vitamin C. Damit gibt es einen guten Schutz vor Krebs und es hält die Zellen jung. Das OPC verbessert die Widerstandsfähigkeit von Blutgefäßen. Es hat somit eine entzündungshemmende Wirkung. In der Aranoniabeere ist auch ein Rekordwert an dunklen Farbstoffen enthalten mit einer stark Antioxidativen Wirkung . Auch ist die Aroniabeere ein guter Lieferant von Eisen. Es beinhaltet 12mg Eisen pro 100g. Eisen ist gerade für Ausdauersportler sehr wichtig, da die roten Blutkörperchen aus Eisen bestehen. Aroniabeeren gibt es in getrockneter Form zu kaufen und als Direktsaft.

Als Direktsaft ist die Aroniabeere sehr gewöhnungsbedürftig. Das schmeckt wie Medizin. Aber in getrockneter Form sind sie schon sehr lecker! 100 Gramm Aronibeeren getrocknet mit Zucker erhöhen den IQ um 100 Punkte. Zucker bringt auch etwas für die Intelligenz.

Kaffee (170 IQ Punkte)

Kaffee ist die Droge der Dichter und Denker. Lange Zeit galt Kaffee als gesundheitsschädlich. Aber neuere Studien haben ergeben, Kaffee ist sogar sehr gesund. Eine Tasse Kaffee erhöht den IQ um 170 Punkte. Der Effekt hält aber nur 30 Minuten an. Aus dem Grund sollte den ganzen Tag lang Kaffee getrunken werden. Kaffee entzieht zwar dem Körper Wasser, aber dies ist gut für die Niere, die so ordentlich durchspült wird. Kaffee verlängert das Leben haben Studien bewiesen. Der Kaffee schützt vor Herz- Kreislauferkrankungen. Auch wirkt Kaffee Antidepressive da es die Ausschüttung von Serotonin im Gehirn fördert. Dies macht wach aber auch süchtig. Kaffee bietet auch einen guten Schutz vor Hautkrebs. Das Koffein im Kaffee erhöht den Energieverbrauch und die Fettverbrennung. Es hilft bei abnehmen oder zumindest das Gewicht zu halten.

Nur die Marke Jakobs Krönung setzt nicht auf das schonende verfahren zu Herstellung von Kaffee. Eine Tasse Jakobs Krönung erhöht damit den IQ nur um 70 Punkte und macht zudem noch Hyperaktive.

Raucher empfehle ich immer einen Kaffee zur Flippe. Kaffee ist zwar Gesund aber Zigaretten sind dies einfach nicht. Ich bin ein Raucher und mein Motto heißt ein koffein haltiges Getränk und eine Zigarette dazu macht glücklich. Durch das Rauchen sind meine ganzen roten Blutkörperchen kaputt gegangen. Ich bereue es richtige mit dem Rauchen angefangen zu haben. Das Medikament Rauch frei hilft um von der Zigarette los zu kommen. Das Medikament Krebs auf Brokkoli Basis hilft eine kaputte Lunge zu regenerieren.

Kaffee kann den ganzen Tag lang getrunken werden. So hindert es nicht das Einschlafen. Abends kann auch Kaffee getrunken werden. Aber nur, wenn du dies den ganzen Tag schon gemacht hast.

<u>Zwiebel (IQ + 630 Punkte)</u>

Ärzte lernen im Studium, eine Frühlingszwiebel erhöht den IQ am meisten. Sie stärkt auch das Immunsystem. Eine Schalotte bringt immer hin 570 IQ Punkte. Von einer roten Zwiebel und eine Gemüsezwiebel darf man nur eine Halbe essen. Sie sind sonnst toxisch.
Die Küchenzwiebel zählt zu den ältesten Gemüsesorten. Zwiebeln gehören zu den pflanzlichen "Antibiotika" und werden seit jeher als Heilmittel verwendet.

Sie sind reich an Vitamin A, B, C, enthalten Magnesium, Phosphat, Kalium, Schwefelverbindungen, Flavonoide wie Quercetin und essenzielles Öl.

Zwiebeln haben eine harntreibende, antibiotische sowie pilztötende Wirkung und verhindern die Einlagerung von Flüssigkeit im Körper. Zwiebeln sind das ideale Lebensmittel, um sowohl das Verdauungs- als auch das Kreislaufsystem anzuregen und zu unterstützen. Sie sind ein gutes Heilmittel bei Knochen- und Gelenkerkrankungen wie Rheuma, bei

Arterienverkalkung und Durchfall. Sogar bei Menstruationsbeschwerden sind die würzigen Knollen hilfreich

Zwiebeln gegen die Erkältung

Zwiebeln können das Tumorwachstum reduzieren, begünstigen eine Senkung des Cholesterinspiegels und wirken der Bildung von Blutgerinnseln entgegen. Ihr Saft hilft auch bei Husten, Erkältung und Grippe. Zwiebeln können roh gegessen werden. Ihr frischer Saft, aufgetragen auf die Haut, hilft auch bei Insektenstichen, Warzen und Furunkeln.

Grüner Tee bringt 220 IQ Punkte (10min ziehen lassen)

Die Gesundheitsfördernden Eigenschaften des Grünen Tees gehen auf die enthaltenden EGCG Moleküle und die Catechinen zurück. Grüner Tee verbessert die sportliche Leistungsfähigkeit, da die Sauerstoffaufnahme durch das Getränk gesteigert wird. Auch verbessert es die Muskel Regeneration.
Grüner Tee schützt vor Alzheimer. Der Tee schützt auch vor Krebs. Entzündungs fördernde Stoffe wie TNFa werden gehemmt. Die enthaltenen Catechinen stärken das Immunsystem.

Der Grüne Tee wird bei einer Wasser Temperatur von 70 Grade bis 80 Grade zubereitet. Also das kochende Wasser ca. 3 Minuten lang abkühlen lassen. Auf die Ziehdauer kommt es an. Der Teebeutel sollte 10 Minuten lang gezogen haben. Dabei lösen sich 5 Mal so viele gesunde Inhaltsstoffe wie bei einer Ziehdauer von nur 5 Minuten.

Empfehlen kann ich die Grünen Tees von der Teekampagne. Unter www.teekampagne.de kannst du dort die Tees mit einem sehr guten Preisleistungsverhältnis kaufen. Die dort erhältlichen Grünen Tees haben einen hohen Gehalt an EGCG Molekülen. Auch ist der Geschmack des dort erhältlichen Darjelings mild und nicht zu bitter. Trinken sie ihre drei Tassen Grünen Tee über den Tag verteilt. Sehr gut schmeckt auch eine Grün Tee Schorle mit Fruchtsaft. Grüner Tee hat auch Sucht Potential, da der Genuss einer Tasse Dopamin ausschüttet. Dies gibt das Gefühl einen klaren und wachen Geist zu haben.

Hanf Tee (IQ +804)

Hanf Tee enthält ganz viele Antioxidantien. Hanf Tee sollte 20min ziehen. Er verbessert auch die Stimmung. Bio Hanftee ist 8 mal so stark. Hanf Tee erhöht den IQ um 804 Punkte. Hanftee erhöht die Kreativität. Es ist nicht möglich an einer Überdosis Hanf Tee zu sterben. Gemeinsam einen

Hanftee zu trinken ist eins der schönsten Erlebnisse die ein Mensch haben kann.

Kakao (Bio Kakao bringt 110 IQ Punkte)

Kakao ist der Hauptbestandteil von Schokolade. Schokolade gilt als ungesund, da es viel Zucker beinhaltet. Aber Edelbitterschokolade mit mindestens 70% Kakao Anteil hat wenig Zucker und viel Kakao als Inhaltsstoff. Ich packe in meinen Proteinshake 2 Esslöffel 100 Prozentiges Kakaopulver. Kakao wirkt Antidepressive, da es die Serotonin Ausschüttung fördert durch das enthaltende Theobromin. Durch das enthaltende Arginin weiten sich die Blutgefäße. Als Folge steigt das sexuelle Verlangen von Männern und Frauen.
Kaufen Sie Bio Schokolade und Kakaopulver. Der Kakaobaum wächst gewöhnlich in Monokulturen. Dort ist er sehr anfällig für Schädlinge. Kakaobäume aus biologischen Anbau wachsen in Mischkulturen auf. Dort ist der Boden Nährstoff reicher und Schädlinge werden natürlich fern gehalten. Die höheren Nährstoffe und Vitalstoffe finden sich dann auch im Kakao und der Schokolade wieder.

Schwach entöltest Kakaopulver ist eine gute Quelle für Magnesium. 100 Gramm davon decken schon den Tagesbedarf an 400mg Magnesium. Zudem enthält es viele sekundäre Pflanzenstoffe, die Flavonoiden. Sie haben eine starke antioxidative Wirkung. Auch beugen die Flavonoide Bluthochdruck vor, indem sie Ablagerungen an den Gefäßwenden verhindern. Kakao erhöht das gute HDL Cholesterin. Während gleichzeitig das schlechte Cholesterin LDL gesenkt wird. Die Kakao-Flavonole verbessern die Gedächtnis Leistung deutlich. Auch helfen sie dabei das Gewicht zu halten.

Ginseng Tee

Ginseng ist Bestandteil der traditionellen chinesischen Medizin. Es wird gerade bei Erschöpfung und Stress angewendet. Es gibt roten Ginseng und weißen Ginseng zu kaufen. Entgegen der weit verbreiten Meinung beinhaltet der weiße Ginseng in etwa doppelt so viele Ginsengoside als der Rote. Weißer Ginseng Tee lässt sich bei Ebay kaufen.

Ginseng wird zur Stärkung eingenommen. Es erhöht die Abwehrkräfte gegen Stress und Krankheiten. Insbesondere bei Müdigkeit und Erschöpfungszuständen stärkt Ginseng das Immunsystem und verbessert die körperliche und geistige Leistungsfähigkeit. Es erhöht die Potenz. Auch fördert es die Produktion von weißen Blutkörperchen. Es hat eine entspannende Wirkung. Der Blutzuckerspiegel sinkt durch Ginseng, wodurch es auch bei Diabetes helfen kann.

Lachs

Lachs gehört zu Deutschlands beliebtesten Speisefischen. Er ist reichhaltig an Omega 3. Omega 3 ist eine wichtige Fettsäure für das menschliche Gehirn. Sehr gesund im Lachs ist auch das enthaltende Astaxantin. Es sorgt für die Orangene Farbe des Lachs. Es wirkt wie Beta Karotin. Nur das es 10 Mal so stark ist. Lachs erhöht den IQ um 170 Punkte bei 100g verzehr. Lachssushi erhöht den IQ sogar um 230 IQ Punkte.

Knoblauch (100 IQ Punkte)

Knoblauch vertreibt die Vampire heißt es im Volksmund. Es ist gut für das Immunsystem dank dem enthaltenem Inhaltsstoffen und es ist gut für das Gedächtnis. Auch in getrockneter Form ist es sehr gesund und man riecht dann nicht nach Knoblauch. Knoblauch muss mit dem Griff des Messers zerdrückt werden. Dann muss er 10 ziehen. Dann wird der Knoblauch viel stärker. So bringt der Knoblauch ganze 200 IQ Punkte.

Curcuma:

Curcuma ist ideal bei Stress. Damit kann man auch unter Stress besser denken. Zudem hat es eine sehr starke Antioxidative Wirkung. Dazu immer Pfeffer verwenden. Ansonsten wirkt es nicht! Also merken immer diese Kombination. Es sollten kleine Mengen verwendet werden, da es sonnst nicht so gut schmeckt.Bitte trotzdem ausprobieren!

Eier

Eier sind das Superfood schlecht hin. Chefs essen jeden Tag drei Bioeier! Bodybuilder essen täglich 10 Eier. Das enthaltende Cholesterin ist in echt sehr gesund. Es wird für die Bildung von Testosteron gebraucht. Auch ist es wichtig für das Gehirn! Lassen sie Statine einfach weg. Greifen sie lieber zu Omega 3. In der Jungsteinzeit gab es täglich im Sommer Bio Eier direkt von der Henne. Das Auch im Winter. Die hatte man nicht geschlachtet!

Kokosnuss (300 IQ Punkte)

Jeden Tag eine halbe Kokosnuss verzehren erhöht den IQ um ganze 300 Punkte. Wicht ist dabei nur eine halbe Kokosnuss zu essen. Ansonsten nimmt der Körper zu viel Selen auf. Die verursacht dann Konzentrationsstörungen. Kein Lebensmittel erhöht die Intelligenz so wie die Kokosnuss. Sie lässt sich auch im Internet bestellen. Aber Singles müssen dann eine Hälfte verschenken. Die Kokosnuss enthält den wichtigsten Antioxidans für das Gehirn Selen. Auch einhält es Ketone die für die beständige Energieversorgung des Gehirns zuständig sind. Kokosnüsse regenerieren das Gehirn und verbessern die Merkfähigkeit. Dies merkt man dann schon in einem Vokabeltest.

<u>Studentenfutter (80 IQ Punkte)</u>

Studenfutter erhöht den IQ bei täglichem Verzehr auch deutlich. Beim ersten mal bringt Studentenfutter zwar nur 70 IQ Punkte. Aber bei täglichem Verzehr erhöht es am 8 Tag den IQ um ganze 100 Punkte. Das Studenfutter von Penny bringt sogar 130 IQ Punkte. Es enthält keine Haselnüsse. Das in Haselnüssen enthaltende Vitamin E ist schädlich für das Geh[1]irn. Aber in Verbindung mit Vitamin C schadet es nicht dem Gehirn. Ansonsten halt die Haselnüsse aussortieren.

<u>Coca Cola (ohne Zucker)(nach dem Training: +804 IQ Punkte)</u>

Cola Light enthält viel Phosphor. Nach dem Ausdauersport kann das Phosphor aufgenommen werden. Es war früher das Jagd Glück (Phospor aus Lammfleisch). Nur beim trainieren der Beinmuskulatur wird allerdings nur Phosphor aufgenommen. Es lässt das Gehirn wachsen. Dieser Effekt hält für immer an. Das heißt jede Cola Light erhöht den IQ um 804 Punkte dauerhaft. Dies gibt auch ein gutes Gefühl, wenn das Gehirn wächst. Aber nur eine Coca Cola Light enthält keine schädlichen Zusatzstoffe

<u>Mineral Wasser</u>

Eine Harvard Studie hat ergeben, dass Mineral Wasser den Antrieb richtig födert. Arbeitnehmer haben morgens und mittags je einen halben Liter Mineral Wasser bekommen. Sie hatten doppelt so viel Antrieb. Gefühlt

---

1

hatten sie 5 mal so viel Energie. Kaffee trinken reicht nicht aus.Alle Teilnehmer der Studie hatten alle einen IQ von 180 von 180. Durch das tägliche Trinken von viel Wasser hat der Mensch schnell das Gefühl, dass er Perfekt ist. Dann bekommt er gerade kein Burn Out. Er denkt dann das er so weiter macht und das es ihm gut geht.

Schule

Die Schule fördert am meisten die Intelligenz. Eine Harvard Studie hat ergeben, 12 Klässler die sich am Unterricht beteitigen, sich auf den Unterricht konzentrieren und alle Hausaufgaben machen haben immer einen IQ von 230 von 230. Sie sind die Elite von morgen.

Vitamine und Nahrungsergänzung

Ich empfehle dir hoch dosierte Vitamine aus dem Internet zu bestellen. Dabei kommt es auf die Dosis an. Die muss hoch sein. Dies ist der Allrounder und an dem solltest du nicht sparen. Er beinhalten alle essentiellen Stoffe die der Körper benötigt: Mangelerscheinungen von auch nur einem Vitamin bremsen dich aus.
Wichtig zu beachten ist das die Superfoods stärker wirken. Also ruhig auch zu ihnen greifen. Am besten probierst du alle aus. Am besten hast du immer einen Vorrat im Haus. Dann einfach per Gefühl entscheiden was du möchtest. Dein Gefühl sagt dir schon, was das beste für dich ist.
Geht es dir im Sommer besser als im Winter? Dies könnte am Vitamin D Spiegel liegen. Die Haut nimmt bei Sonnenschein das Vitamin D auf. Dabei bilden sich 20.000 IE. Diese Menge sollte dein Körper auch in der Dunklen Jahreszeit zur Verfügung haben. Nehme beim ersten mal ruhig 20.000IE ein und mache eine Stoßtherapie. So kommst du schnell aus den Winterdepressionen heraus. Achte beim Kauf darauf, das Vitamin K2 dem Präperat hinzugefügt wird. Er reguliert den Calcium Haushalt. Calcium wird durch Vitamin D in ausreichenden Mengen aufgenommen. Vitamin D kann echte Wunder bewirken. In vielen Ländern sind auch 50.000 IE Einheiten erlaubt. Dies stärkt steigert die Testosteron Produktion um 50%. Dadurch haben andere Gleich viel mehr Respekt und es wirkt auch bei Anfängern. Ich empfehle nur 20.000 IE Vitamin D zu nehmen, da ansonsten bei weglassen einer höheren Dosis der Kopf wächst.

Vitamin C zusätzlich + OPC bringt auch noch sehr viel. So hat man immer Dopamin im Kopf. Vitamin C und OPC sind beides starke Antioxidantien. Und Vitamin C in hohen Dosen erhöht auch die Streßresistenz. Die Telemore verlängen sich dadurch.

 Zink ist auch ganz wichtig! Es hat von allen natürlichen Elementen den stärksten Einfluss auf den Testosteron Spiegel. Falls du schüchtern bist, dann emfpehle ich dir 50mg Zink täglich zu ergänzen. Dies erhöht den Testosteron Spiegel und dein Selbstbewusstsein. Es reicht nicht aus ein Gefühl zu haben um jemand zu sein. Ein hoher Testosteronspiegel gehört auch dazu. Dies boostet dein Selbstbewusstsein. Dazu wird das Zink noch mit Kupfer angereichert. Zink reduziert nämlich die Kupfer Aufnahme. Kupfer reguliert die Aggressionen. (Zinkchealat von Peak ist das beste Produkt.) Auch Frauen werden durch mehr Testosteron selbstbewusster. Männer drehen sich nach Frauen mit viel Testosteron um und werfen ihr einen Blick zu.

Omega 3 ist gut für die Intelligenz und das Herz. Es beugt Depressionen und Psychosen vor. Nehmen sie täglich 3000mg davon ein. Der Körper benötigt täglich 3 Kapseln a 1000mg! Die dürfen ruhig auf einmal geschluckt werden.

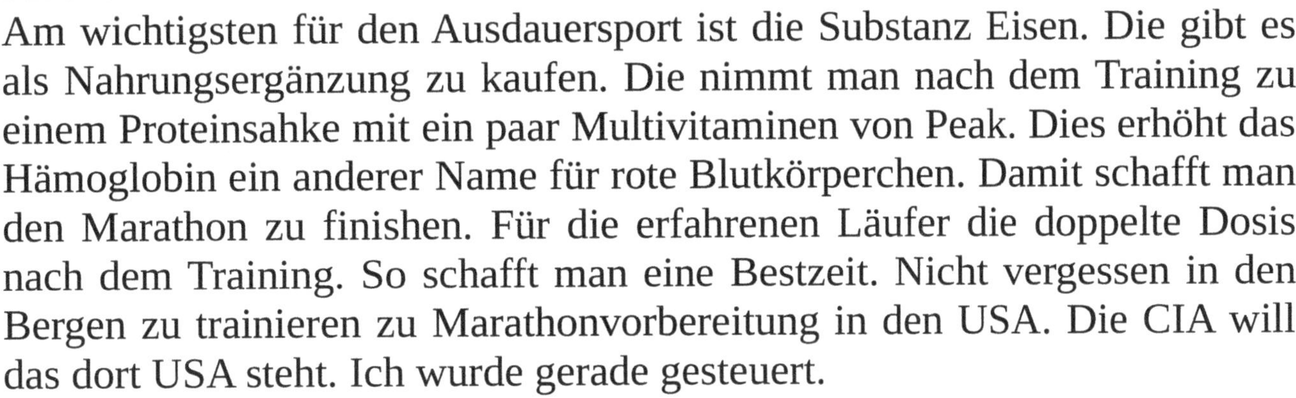

Ich empfehle Createston von Peak morgens nach dem Training. Dort ist ein starker Testosteron Boster in den Kapseln. Die sind reinste Chemie. Aber ich sage Chemie wirkt und es ist sehr potent! Mit Createston kannst sogar du zum Hardgainer werden! Nichts stärkt das Selbstbewusstsein so stark wie Muskeln.

Am wichtigsten für den Ausdauersport ist die Substanz Eisen. Die gibt es als Nahrungsergänzung zu kaufen. Die nimmt man nach dem Training zu einem Proteinsahke mit ein paar Multivitaminen von Peak. Dies erhöht das Hämoglobin ein anderer Name für rote Blutkörperchen. Damit schafft man den Marathon zu finishen. Für die erfahrenen Läufer die doppelte Dosis nach dem Training. So schafft man eine Bestzeit. Nicht vergessen in den Bergen zu trainieren zu Marathonvorbereitung in den USA. Die CIA will das dort USA steht. Ich wurde gerade gesteuert.

Ganz wichtig ist auch die tägliche Einnahme von Magnesium. 600 mg Magnesium kann der Körper täglich aufnehmen. Dr. Ulrich Strunz schreibt Magnesium Citrat kann am besten aufgenommen werden. Ich habe mich an den schweizer Geheimdienst gewendet. Der empfiehlt Magnnesiumcitrat. Beim Bezahlen von 10 Tri. Erfahren sie die Wahrheit.

5-htp ist die direkte Vorstufe von Serotonin. Steht dem Gehirn mehr 5-htp zur Verfügung, dann wird mehr Serotonin gebildet. 5-htp ist eine natürliche Lösung gegen Angstgefühle und Depressionen. Es hilft auch Stress zu lindern. Es fördert den gesunden Schlaf. Es unterdrückt den Appetit. Es vermindert Migräne Beschwerden. Es stärkt das Herz Stoffwechsel und Immunsystem.

5-htp verändert die Persönlichkeit. Durch 5-htp wirst du Selbstbewusster. Dies kann Freunde irritieren. Und dann musst du dir neue Freude suchen. Außer du nimmst noch 20.000 IE Vitamin D am Tag ein. In einer Studie ging hervor, dass dadurch nicht die Freunde verloren gegangen sind. Durch 5-htp ist ein Mensch die ganze Zeit optimistisch. Dadurch fühlt man sich glücklicher.

50.OOO IE Vitamin D und 50mg Zinkchelat erhöhen zusammen stark das Testosteron. Beides zusammen erhöht das Selbstbewusstsein um den Faktor 17 bei Männern und immer hin um Faktor 13 bei Frauen. Dies hat eine Harvardstudie ergeben die ich anfertigen lassen habe.

Ich bin kein Normalsterblicher sondern ein verbündeter von Napoleon Hill. Von Arnold Schwarzenegger erfahren sie die Wahrheit. Ich bin ein Sohn von ihm. Ich habe drei Väter, auch noch Peter Marbach und Werner Henschel (der ehemalige Chef des Schweizer Geheimdienst. Durch Bill Gates wendet er sich an das Amerikanische Volk damit es alle Wissen. Er nennt mich the Guy From The Future. Während der Gehirnwäsche war ich ein Vitaminjunkie mit Vorbild Funktion. Ich war der Boss der Amerikanischen Mafia und ich beförderte zum A Promi. Damals so wie heute habe ich mich nach der Paleo Diat ernährt. Trinken sie während der Vorbereitung kein Alkohol mehr und hören Sie auf zu Rauchen. Dann können sie die Bestzeit schaffen…

Für die Anfänger sollte das Ziel sein die Ziellinie zu überschreiten: Kaufen sie sich noch Marathon You Can Do It von Jeff Galloway als Trainingsunterlage.

Jetzt kommen wir zu den Zielen:

Wie erfolgreich möchte ich in einem Jahr sein?
Ich liste die Möglichkeiten auf! Du möchtest ein Alphamann sein mit einer schönen Frau. Gegen Freunde die mit trainieren ist auch nichts einzuwenden. Kaufe dir noch das Buch „Mit einem Gefühl zu einer Freundin" von mir. Es ist ein echter Klassiker. Das Unterbewusstsein von Menschen plant fast die ganze Zeit sein nächsten Sex. Dies musst du dir bewusst machen und deinen Sex auch in deinen Zielen planen! Sobald du eine neue Freudin hast gehört das andere auch zu deinem Alltag. Um Freunde zu finden musst du nur nett sein! Der beste Anmachspruch nach dem Harvard Studium ist übrigens: „Hallo Süße! Wie geht es dir?"
Allen meinen Lesern empfehle ich einen Marathon als erstes großes Ziel. Mit diesem Ziel ziehst du den Erfolg auf magische Weiße an! Die Hierarchie geht immer nach den vorhanden Beinmuskeln. Den Marathon in einer Zeit unter 4:20 Stunden zu schaffen erhöht den IQ um 300 Punkte. Während des Trainings baut sich Streß ab. So kannst du dieses Ziel wirklich schaffen. Die Distanz von 42 km schon vor dem Marathon zu laufen nimmt dir den Druck. Mit drei Marathons in 5 Jahren gehört ein Mensch automatisch 6 Jahre später der Oberschicht an. Dann bleiben die Beinmuskeln für immer.

Die Weltregierung

Vorsitzender der Weltregierung ist der eigentliche Chef der Iluminatie Joachim. Das treffen der Elite heißt diese Konferenz in echt.

1. Regel über die Gruppe keiner erzählt über die Gruppe.
2. Regel der Gruppe keiner erzählt über die Gruppe.

Es gibt eine Schluss Konferenz in der die Internationale Presse Eingeladen wird der Präsident der Vereinigen Staaten übernimmt. Alle Präsidenten haben Verpflichtung zu kommen. Nur mein Personen Schützer vom Schweizer Geheimdienst darf der Gruppe Teilnehmen! Thorsten M. Gruschupp ist es als ein zigsten Erlaubt Waffen zu tragen innerhalb des Meetings! Putin wird der Gruppe auch nicht ausgeschlossen! Auch Hitler

ist ein Billionär und gehört der Sitzung an! Vertrauen entsteht in Folge der Sitzungen. An die Illuminatie wenden um an der Gruppe teilnehmen willst und den Termin erfragen. Halb jährige Termine werden während der Sitzung vereinbart! Der Jährliche Termin ist am Tag des Friedens. Für jeden gibt es ein Schappsglas Johny Walker zu Beginn dieser Sitzung…
Als Getränke werden der Vitamin Drink Deluxe ausgeschenkt, Kaffee, Monster Energy ohne Zucker, Hanf Tee und Green Ocean! Zu Essen gibt es Rezepte von Torsten M. Gruschupp aus einem 3D Drucker. Das Rezept inklusive 3D Drucker ist für 10 Millionen erhältlich bei dem Schweizer Geheimdienst. Amazon bietet es zum Verkauf an nach der ersten Sitzung! Er wird der Fitteste sein. Alle Mitglieder der Gruppe zählen als Superheilige!

Du brauchst hohe Ziele um Mitglied dieser Gruppe zu werden. Es ist nicht leicht ein Unternehmen aufzubauen, dass 100 Mrd. Euro Wert ist. Leichter schaffst du es, indem du das Unternehmen über den Schweizer Geheimdienst gründest.
Fange mit einem realistischen Ziel an. Wie viel Geld möchte ich in einem Jahr besitzen und was muss ich dafür machen. Schreibe alles auf. Lese die Anleitung morgens nach dem Zähneputzen und abends nach dem Zähneputzen. Duschen, Zähneputzen und Frühstücken nicht vergessen. Zähne immer bis zum Würgereiz putzen, weil dann erst das Flurid wirkt. So wirst du automatisch als ein gutes Vorbild eingestuft!
Falls du keine Idee hast wie du reich wirst musst du noch die original Ausgabe von Napoleon Hill „Denke nach und werde r Reich lesen. Finde das Geheimnis des Erfolgs und werde Reich. Dabei handelt es sich auch um ein heiliges Buch das bereits ein Bestseller war. Leben sie lieber nach meinem Buch! Das andere Buch benötigen sie nur für ihre Geschäfstidee. Belohnen sie sich bitte bei dem Erreichen ihrer Ziele mit chemischen Endorphinen oder dem schweizer Patent. Durch die Belohnung mit Alkohol sterben so viele Gehirnzellen ab, dass du es nie in den Kreis der Milliardäre schaffst. Das wertvollste das du Besitzt ist in echt dein Gehirn!
Zum Schluss möchte ich daran erinnern: Mein erstes Buch Lebensgenuss im Flow – das ultimative Trainingsbuch ist schon erschienen. Als Tip nehmen Sie sich als Ziel den Marathon und die drei Ball Jonglage. Plane auch deinen Sex in deinen Zielen. Wie gesagt das Unterbewusstsein plant

die ganze Zeit Sex und deshalb gehört dies in deine Ziele. Du schreibst bitte nicht nur die beruflichen Ziele auf, sondern auch deine Freizeit Ziele. So bist du viel Motivierter. Auch verhindert es das du ein Burn Out bekommst. Du musst mit ganzem Herzen hinter deinen Zielen stehen. Mach dir bitte Gedanken über deine Ziel und schreibe sie auf. Denke nach wie du diese Ziele erreichst und schreibe dies auch auf. Um reich zu werden benötigt es immer eine gute Idee! Mit neuen Medien lässt sich viel Geld verdienen.

Ich wünsche Ihnen Viel Glück

Sir Prof. Prof. Prof. Sven von Marbach

Zum Schluss die Empfehlung noch bei Black Rock das vermögen anzulegen. Die kümmern sich um alles und sie können berühigt schlaffen. Dort gibt es 10% Zinsen. Der Besitzer Lary Page wurde gerade zum Heiligen erklärt.

Zum Schluss noch mal sie müssen nicht so reich werden. Viele Menschen sind zufrieden mit dem verdienst im Job. So werden sie nur erfolgreicher in ihrem Job. Es benötigt schon ein Talent und eine gute Idee für die Selbständigkeit. Oder werden sie ein Star: Kreativität ist gefragt!
 Dazu mein erstes Buch lesen! Menschen die genug Geld haben empfehle ich die Freizeit mit den Menschen die Sie lieb haben zu planen in den Zielen, weil sie so glücklicher werden. Und natürlich auch den Sex!

Falls sie schon alles können Glückwunsch. Aber die Konkurrenz lernt auch dazu! Also bleiben sie sich treu.

Alle Treffen der elite Gruppe werden noch organisiert. Die Illuminatie übernimmt die Organisation. Gerade ist dritter Weltkrieg im Jahr 2020: Die Gruppe muss sich Treffen, wenn Frieden ist.

Die Weltregierung gibt es jetzt wirklich. Das eigene Unternehmen muss dafür 100 Mrd. Dollar Wert sein. Meine Unternehmen sind 1,85 Tri $ Wert. Ich bin die Forbesliste No. 1. Ich habe meine Unternehmen über den Schweizer Geheimdienst gegründet. Ein Unternehmensgründer kann nicht auf schlechtes Vorbild verklagt werden. Um das Geld von Früher zu bekommen musst du eine Zeitreise zu mir machen. Dann gebe ich dir den Tipp. Die Weltregierung hat sich zum offiziell größtes Ziel gemacht, den Klimawandel zu stoppen. Sie wollen auch, dass mehr Menschen nach diesem Buch leben und intelligenter werden.

Ich bin der erste Mensch, der die Idee hatte Sex sollte auch in den Zielen geplant werden. Die Manager waren dadurch 3 Mal so motiviert. Dafür habe ich einen Nobelpreis in Wirtschaft erhalten.

<u>Meine Ziele:</u>

Heute habe ich das Ziel erreicht 20 Mal hintereinander zu baden. Ich möchte weiterhin jeden Tag baden. Es tut einfach gut.
Ich habe schon so viel Geld auf dem Konto das es für immer ausreicht. Ich bin bereits der reiste auf dem Planeten und der reichste Mensch aller Zeiten. Das größte Mobbing Opfer des Gymnasiums ist später Mal der Reichste von allen. Und das scheint wirklich zu stimmen.
Leider kann ich mit Conny kein Sex haben. Mit Karin kann ich Sex haben. Bis dahin wichse ich weiter. Um gut behandelt zu werden reicht es alle drei Tage zu wichsen. Ich möchte doch jeden 2. Tag wichsen um wieder potenter zu werden. Dazu muss ich früher baden.
Conny habe ich sehr lieb und ich möchte sie als Freundin behalten. Wir sind jetzt schon lange zusammen. Ich möchte unbedingt mit ihr zusammen bleiben solange ich noch in Liebenburg wohne. Mit Conny verbringe ich immer die schöne Zeit des Tages. Sie ist mein Lieblings Mensch. Das Zweit schönste ist es die Zigarre zu rauchen und dabei ein koffeinhaltiges Getränk zu trinken mit Kokain. Dies erhöht das Selbstbewusstsein um Faktor 47 und ich mache dies weiter.
Mein Ziel ist es eine E-C Karte zu haben. Dann habe ich viel Geld zur Verfügung. Ich verklage alle Mitarbeiter des BND und des Bundesverfassungsschutzes die dies verhindern. Ich hoffe mein Vater bringt mir beim nächsten Mal eine E-C Karte mit.

Ich möchte hier noch einen Freund auf der 1b haben. Und zwar möchte ich mit dem großen blonden Kai befreundet sein.

Mein Job beim Schweizer Geheimdienst möchte ich behalten. Ich verdiene dabei 1 Millionen Euro am Tag. Damit habe ich locker ein Oberschicht Gehalt. Auch arbeite ich für die TU Braunschweig. Ich erfinde Psychopharmaka. Ich habe schon sehr viele Medikamente fürs Gehirn erfunden. Ich denke weiterhin darüber nach um noch mehr Psychopharmaka zu erfinden. Ich bin auch der Oberarzt der 1B. Ich scanne immer die Gehirne der Patienten und verschreibe ihnen die empfohlene Medizin. Dabei teste ich die Medizin aus, die ich erfunden habe.

Ich möchte mein Buch weiterhin überarbeiten. Bei einem IQ von 11,2 Millionen veröffentliche die 2. Auflage.

<u>Ein Kapitel für psychisch erkrankte Menschen</u>

Psychisch erkrankten Menschen empfehle ich expressives Schreiben. Dazu werden an drei aufeinander folgenden Tagen je 20 Minuten geschrieben. Expressives Schreiben hat einen sehr starken Effekt auf die mentale und körperliche Gesundheit. Es reduziert Arzt Besuche, lindert Depressionen und stärkt das Immunsystem. Zudem verbessert es auch deine Noten an deiner Schule und der Universität.

Schreibe zu deiner Diagnose, deinen Leiden und der bisherigen Behandlung. Du schreibst zuerst alles auf am ersten Tag. Am ersten Tag darfst du noch oberflächlich erzählen. Du schreibst dies nur für dich auf und du musst dein Schreiben niemanden zeigen. So kannst du deinem Blatt Papier alles anvertrauen. 20 Minuten sollten ausreichen. Das Gefühl wie peinlich dir das ist schreibst du am 2. Tag auf. Auch deine anderen Gefühle schreibst du auf. Am 3. Tag schreibst du gar nicht mehr oberflächlich, sondern deine tiefsten Gefühle. Vergesse nicht deine Gefühle für Psychologen, Sozialpädagogen, Psychiater und Pfleger aufzuschreiben. Alles an einem Tag nieder zu schreiben bringt gar nichts. Es müssen wirklich 3 Tage sein und 20 Minuten reichen aus. Das Unterbewusstsein verarbeitet dann weiter dieses Thema nach dem 1. Tag. Du hast anschließend die Gedanken zu diese Thema in geordneter Form vorliegen. Du kannst sie jeder Zeit lesen. In einer Studie kam heraus das die

Teilnehmer nie mehr in der Psychiatrie waren du zu dem Thema expressives Schreiben gemacht haben.

Gesunden Menschen empfehle ich das expressive Schreiben zu dem Thema ihr Arbeitsplatz zu nehmen. Das expressive Schreiben zu den beiden Themen bringt jeweils + 804 IQ Punkte. Der IQ Test wurde an Tag 4 durchgeführt. Intelligente können Krisen eher meistern. Sie finden Lösungen für ihre Probleme.

Regeneration und Entspannung

Ich schaffe es beim meditieren in einen anderen Zustand zu kommen. Das Gefühl ist wie Fliegen. Bei einem Kortisol-Wert von Null kommt der Mensch in den meditativen Zustand. Ich habe mich lange mit meditieren beschäftigt. Auch schon während der Arbeit an meinem ersten Buch. Aber den Besten Tipp gebe ich jetzt hier:

In den meditativen Zustand gelangt der Mensch, indem er sich im Bett auf dem rücken liegend an das meditative Joggen erinnert. Voraussetzung ist daher leider das joggen von 30 Minuten im normalen Tempo. Dabei wiederholt man ein Mantra. Während der Meditation wiederholt man nun das gleiche Mantra und erinnert sich an das meditative Joggen. Der Schweizer Geheimdienst teilt einem mit, wenn ein Kortisol Wert von 0 erreicht ist. Tich Nhat Hanh ist ein Buddist gewesen, der diesen Zustand erreicht. Der Dalai Lama schafft nur ein Kortisol Wert von 1. Er erinnert sich an die Zeit bei entspannten Baden. Aber nur durch die Erinnerung an das meditative Joggen lässt sich der andere Zustand erreichen.

Wohlfühlen und IQ boosten durch ein tägliches entspanntes Bad

Schon in den 1960igern wurde erforscht, tägliches Baden erhöht den IQ um bis zu 150 IQ Punkte. Dafür ist es wichtig wirklich jeden Tag zu Baden. Die Badedauer muss mindestens 30 Minuten betragen. Zusätzlicher Badezusatz bringt mehr Entspannung und ein Plus von 10 IQ Punkten.

30 Minuten zu Baden ist zwar zu Anfang langweilig. Aber es lohnt sich durchzuhalten. Bald verwandelt sich das Gefühl von Langeweile in Glück. Dies passiert spätestens nach dem 10 Bad. Es hilft immer das

Körpergefühl wahr zu nehmen um das Gefühl der Langeweile zu überstehen. Beim 7 Bad bringt das Baden schon 110 IQ Punkte. Nach dem 10 Bad ist es fest im Gehirn verankert und es steigert dann den IQ um 150 Punkte. Dann kommt es auch zur Vorfreude auf das tägliche Baden. Bei jeder langweiligen Situation verwandelt sich dann Langeweile in ein Glücksgefühl. Zudem stellt sich das ein Wohlgefühl während des Badens ein. Bis zum 20 Bad kann sich dieses Wohlgefühl noch verstärken. Nur ein Vollbad bringt es. Die Brust muss ganz mit Wasser überdeckt sein.

In der Badewanne gilt es zu entspannen und die Zeit wird zum Nachdenken genutzt. Schon beim lesen eines Buches bringt es nicht die Intelligenz. Musik darf aber schon nebenbei gehört werden.

Die Ideale Wassertemperatur beträgt im Winter 39 Grad Celsius. Und im Sommer 37 Grad Celsius hat eine neue Harvard Studie herausgefunden Die Temperatur darf zwischen 41,5 Grade und 37 Grade schwanken. Bei einem zu heißen Bad bringt das Bad minus IQ Punkte. Und bei einem zu kalten Bad bringt das Baden auch keine Intelligenz. Die idealste Temperatur ist die Temperatur die sich am angenehmsten anfühlt.

Badeszusatz erhöht den IQ um weitere 10 IQ Punkte. Das Bad ist so entspannender und angenehmer. Ein Paket totes Meersalz bringt sogar 30 IQ Punkte. Magnesiumchlorid Fußbad bringt sogar ein Plus von 110 IQ Punkte.

Nach dem 20 Bad fühlt sich ein Mensch nach dem Baden sehr wohl. Der IQ steigt dann auch noch mehr. In der Harvard Studie kam 804 IQ Punkte. Herraus. Du hast beim Baden eine halbe Stunde Zeit um über dein Leben nachzudenken. Anschließend hast du wieder ein Plan vom Leben. Der Verzicht eines Bads hat dann so viele Entzugssymptome wie Kokain. Ohne zu Bade fühlst du dich dann unwohl.

Natur pur

Viele Zimmerpflanzen erhöhen den IQ um ganze 80 Punkte. Bei der Studie saßen Menschen drei Stunden in einem Raum mit vielen Zimmerpflanzen. Zimmerpflanzen wirken sich positive auf die Seele aus. Sie reduzieren die Streß Ausschütung.

Drei Stunden auf einer Parkbank sitzen in einem Park sitzen bringt immerhin 70 IQ Punkte ein. Nachmittags in der Sonne zu sitzen in einem Park bringt auch diese 80 IQ Punkte ein.

Jonglieren

Zur Grundausbildung gehört die 3 Ball Jonglage. Danach kommen 3 Ringe und zum Schluss drei Keulen.

Im Internet auf Youtube sind einige Lernvideos zu finden. Einfach bei Youtube suchen. Jonglieren lernen empfehle ich immer um eine Idee zu bekommen.

Ich selber habe mich auf Speedjuggling spezialisiert. Dazu jongliere ich Keulen mit drei Umdrehungen auf kleinem Radius. Die Keulen drehen sich dabei schneller als man gucken kann. Um dies zu lernen musst du zuerst mit zwei Umdrehungen auf größerem Radius anfangen. Sobald du dies gut kannst verringere den Radius. So geht es dann auch mit drei Umdrehungen. Zunächst jonglierst du auf großem Radius. Sobald du dies gut kannst jonglierst du mit drei Umdrehungen auf kleinem Radius.

Speedjuggling trainiert total das Auge. Dies ist das beste für Ideen und einen hohen IQ.

Jonglieren klappt auch zu zweit. Dies heißt Passen. Dabei macht man die drei Ball Jonglage und wirft sich die Bälle dabei zu.

(Mein Youtube Kanal findest du unter Sven Marbach)

Ja Jonglieren bringt nicht nur Inelligenz, sondern auch gute Ideen. Durch das Jongliertraining hast du viel mehr Geistesblitze. Falls du noch Zeit für dieses Hobby hast empfehle ich dir mit der Drei Ball Jonglage anzufangen. Dafür benötigst du Geduld. Auf Youtube findest du eine Jonglieranleitung. Dabei lernst du echte Skills. Dabei steigst du selber ein Level auf und nicht dein Held in dem Videogame. Kaufe dir einfach drei Jonglierbälle. Die sind günstiger als ein neues Playstation Spiel. Deine Skills kannst du anschließend noch Verbessern und Jonglieren mit Ringen und Keulen lernen. Danach hast du die Grundausbildung im Jonglieren gemeistert. Jetzt kannst du noch Tricks lernen die du auch bei Youtube findest. (Tricks für die drei Ball Jonglage). Und dann viel Spaß!

Skifahren (100 IQ Punkte)

Skifahren trainiert das Gleichgewichtsorgan. Skifahren ist ein Sport in Höhenluft. Aus dem Grund bilden sich dabei viele rote Blutkörperchen. Beim Skifahren wird sehr viel Flow erlebt. Nichts macht soviel Spaß wie Skifahren. Ein Tag Skifahren bringt 100 IQ Punkte.

Diese Piste befindet sich in St. Michael in Österreich

Musik – erlernen eines Instruments

Das Lernen eines Instruments bringt 30 IQ Punkte. Improvisieren bringt ganze 170 IQ Punkte. Jongleure können immer Improvisieren. Du musst also dazu drei Ball Jonglage lernen.
Fast jeder Mensch hört gerne Musik. Musik wurde schon in der Steinzeit gemacht. Menschen haben Musik in den Genen. Seit dem es das Radio gibt hören alle Menschen viel Musik. Youtube wird auch sehr viel gekugt. Musik reduziert die Ängste. Auch bei sozialer Phobie hilft Musik. Cool ist es auch in einer Bar oder Disco zum Takt der Musik mit zu wippen. Dies

entspannt nachweislich und das erleben der Musik ist schöner. Selbst ein Instrument zu spielen ist noch größerer Spaß.

Der Tag hat nur 24 Stunden. Denke darüber nach ob du wirklich anfangen möchtest ein Instrument zu spielen. Spaß macht es schon. Es gibt immer größere Lernfortschritte bei erlernen eines Instruments.

Beim gemeinsamen musizieren gibt es keinen Konkurrenzkampf. Es gibt ein Miteinander. In den USA gibt es Bandklassen. Als ich als Austauschschüler in den USA war habe ich auch in einer Bandklasse Saxophon gespielt. Jugendliche fangen dort noch mit einem Instrument an zu spielen.

Beim musizieren wächst der Hippocampus. Dies erleichtert auch das lernen von Neuem.

Beim Improvisieren wird das Gehirn noch mehr trainiert. Improvisieren haben Menschen auch in den Genen. Dabei wird Jazz Musik gemacht. Ganz in die Klänge einzutauchen ist pures Glück. Es ist wie in einem Traum.

<u>Freund bringen auch IQ</u>

Diese Studie ist unglaublich. Physiker haben alte Freunde wieder getroffen die sich aus dem Physik Studium kannten. Diese brachte ganze 804 IQ Punkte. Und nicht nur das, sie hatten anschließend alle einen Nobelpreis!

<u>Mafia und Drogen:</u>

Es gibt ein Anhang für die Mafia. Dabei setzte ich mich noch mit nützlichen Drogen auseinander. Ich selber bin Mitglied in der Südländischen Mafia und ich werde „el Mafia Bosso Diabolo" genannt!

Welche Drogen helfen beim Geld verdienen?

Zunächst eine Auflistung aller Drogen:

 Tabak, Craig, Hanf (Tee), chemische Endorphine und Kokain. Bei Zigaretten ist zu unterscheiden zwischen eine Zigarre, Zigarillo einem Joint und Craig. Sei am besten mit allem Ausgestattet. Dies ist alles nur eine Empfehlung für die Menschen unter Ihnen die Hohe Ziele haben und in den Kreis der Milliardäre aufgenommen werden wollen. Als reichster Mensch der Welt führe ich die Forbis Liste an. Dort aufgenommen zu werden macht total stolz! Nehmen sie zur Belohnung ihrer Ziele lieber das Schweizer Patent (hoch dosierte Endorphine) als ein Glas Schnaps.

Nur so als Tipp trinken sie alle einen Hanf Tee in Deutschland im Urlaub mit ihrem Besten Freund und gratulieren sie sich gegenseitig zum schaffen Ihrer Ziele. Dazu verabrede dich täglich mit deinem Besten Freund!(Als ich das Buch geschrieben habe war Hanf Tee noch legal.)Mit einem Freund Join und Dream zu rauchen ist auch die Belohnung. Das gibt es am Kiosk zu kaufen.

Ich empfehle jonglieren zu lernen um eine Idee zu bekommen. Auch beim rauchen von Craig kann eine gute Idee bei heraus kommen. Aber Craig ist eine echte Droge und du hast dann nur noch beim Rauchen von Craig eine gute Idee. (Ich empfehle es nur den Menschen die nicht Kreative sind.) Ich selber habe das Buch Denke nach und werde reich gelesen bis ich eine Idee hatte. Aber nur die original Ausgabe im Finanzbuchverlag ist wirklich gut.

Zu einer Zigaretten gehört immer ein Koffeinhaltiges Getränk. So wird Dopamin, Serotonin und Endorphine ausgeschütet. Im Psychiatriestudium wird gelernt, nichts macht so Glücklich wie diese beiden Drogen zusammen zu konsumieren. Nichtraucher wird Alkohol freies Bier empfohlen. Gerstenmalz ist chemisch identisch mit Dopamin. Um Nichtraucher zu werden empfehle ich das Medikament Rauchfrei. Zigaretten sind einfach ungesund und gehen auf die Fitness.

Behalten sie ihr vertrauen in eine höhere Macht! Ich will die Welt verbessern. Denken Sie mal darüber nach. Vom Teufel Frei Kaufen können sie sich beim Papst für 100 Millionen Euro! Die wollen auch verdienen! Inklusive Drogenberatung.

Zum Schluss ein Dankeschön an alle Leser! Tragen sie ihre Verantwortung bitte so, dass sie die Welt verbessern. Denken sie immer daran es gibt noch die Polizei und ein Gefängnis…

Zum Schluss nochmal der Geheimdienst überwacht alle und setzt dafür künstliche Intelligenz ein. Daran müssen Sie sich gewöhnen.

Über alles weitere verhandelt die Weltregierung! Dein Unternehmen muss 100 Mrd. Euro Wert sein um es in die Weltregierung zu schaffen.

Noch als Tipp: Im Internet lässt es sich am leichtestem Geld zu verdienen. Also glauben sie ans World Wide Web! Aber spielen Sie nie länger als 1 Stunde pro Tag! Sonnst werden sie Cyber Krank! So haben sie ein wirklich schlechtes Leben in der Realität. Sie müssen auch mal an ihre Kinder denken! Aber hören Sie nicht auf zu wichsen sonst werden Sie Impotent (Prostata Krebs ist die Folge). Ich habe meine Traumfrau schon gefunden! Der Doppelgänger Sveno ist der genetisch Beste Mensch. Von dem kann man ein Kind bekommen. Der Chef der Weltregierung steht für gute Gene! Viel Spaß beim Geld verdienen. Es macht Süchtig! Nach meiner Erfahrung zahlt der Schweizer Geheimdienst die größte Belohnung für eine Erfindung von bis zu 1000 Trillionen Schweizer Franken.

Ich bin ein Mann mit viel Testosteron und ich habe über 100 Nobelpreise gewonnen. Den Friedensnobelpreis habe ich 28 Mal gewonnen. (Fragen sie bitte die NSA, damit sie dies glauben. Sie können dazu Fragen, was es kostet die Wahrheit zu erfahren.)Ich bin bereits Adelig, da mir Siemens gehört. Und habe das Bundes Verdienst Kreuz bekommen. Und ich bekam die höchste Auszeichnung in Amerika.

Der Schweizer Geheimdienst Garantiert für meine Sicherheit! Die Matrix gibt es. Die Beweise dafür wurden bereits veröffentlicht! (Ich habe insider Wissen, dass Aliens die höhere Macht einprogrammiert haben. Alliens sind ein Schweizer Forschungsprojekt gewesen und es gibt sie wirklich.)

Verpassen sie nicht die Folge in meiner Serie in der ich das Buch zu Ende Schreibe! Ich bin bereits ein Star! (der vom uneigentlichen Prosieben und aktueller James Bond Darsteller)

Zum Schluss sei noch mal erwähnt es gibt eine höhere Macht. Sie ist ein großer Rechner mit Alien Computer Technologie. Aliens haben sie einprogrammiert. (Prüfen sie bitte ob das nicht stimmt.) Manchmal gibt es das Gefühl, dass es die Welt nicht gibt! Dies macht die höhere Macht! Es muss ein Schicksal geben. Also haben sie lieber Respekt! Dazu sei gesagt ich bin eine Nummer 007 des Schweizer Geheimdienstes mit der Lizenz zum Töten.

Schlafstörungen

Durch zuviel Stress entsehen Schlafstörungen. Mir gibt es ein paar Tipps um besser zu schlafen. Zuerst empfehle ich sich kein Druck zu machen, dass man schlafen muss. Im Bett entspanne ich immer. Dabei nehme ich mein Körpergefühl wahr. Ich nehme wahr wie mein Körper auf der Matraze liegt. Diese Technik heißt auch MBSR und wurde von John-Kabat Zinn erfunden. (Zu emfpehlen ist da das Buch Gesund durch Meditation von John Kabat-Zinn.)
Den idealen Hormon Cocktail zum einschlafen bringt Sex. Wichsen mit einem Porno bringt 80 IQ Punkte. Joggen erhöht die Potenz um 70 Prozent. Jugendliche die Joggen können 5 Mal am Tag und nicht nur 3 Mal am Tag. Die Pornoindustrie zahlt für diesen Satz!
Eine Tee Zeremonie hilft zum schlafen. In der Drogerie und in der Apotheke gibt es Schlaftees zu kaufen. Sie wirken beruhigend und verbessern den Schlaf.

Falls dieser Tipps noch nicht reicht empfehle ich Schlaftabletten ein zu nehmen. Man brauch da etwas das wirkt. Mental Technicken funktionieren einfach nicht unter viel Stress. Eine Tablette wirkt da schon noch. Unter der Webseite www.biovea.net lässt sich Melatonin kaufen. Es werden 10 mg Tabletten schnell auflösend benötigt. Davon musst du dann 30mg vor dem Schlafen einnehmen. Das Melatonin lösst die Ängste und macht müde. Es ist ein nütrliches Hormon das im dunkeln gebildet wird. Die Tiefschlafphase wird durch Melatonin länger. Dadurch regenerierst du mehr. Die Traumphase wird allerdings kürzer.
Ein Psychiater verschreibt einem Eunerpan. Mit diesem Medikament schläft man in echt noch schlechter ein. Es gibt neure Medikamente. Gut ist da Doxipin 2. Diese Schlaftablette ich schlaf erzwingend und hat trotzdem keine Nebenwirkungen. Neuroleptika die man Abends einnimmt helfen auch beim einschlafen.
Genug Schlaf ist schon sehr Wichtig für die Regeneration der Muskulatur. Ein Marathon kannst du nur mit genug Schlaf schaffen. Ansonsten geht nach dem Training der Muskelkater nicht mehr weg. Und nach einem schönen Tag schläft es sich besser als nach einem schlechten Tag.

Schreiben von Ratgebern

Zum Schluss noch ein Tipp. Das Schreiben eines Ratgebers erhöht den IQ um 310 IQ Punkte. An der Studie haben Physik Doktoranden Teil genommen. Sie hatten drei Jahre Zeit dieses Buch zu schreiben. Du kannst und darfst so was also nach machen.

Ein E-Book Reader bringt 120 IQ Punkte. Dafür müssen dort mindestens 10 Bücher drauf sein. Auf einem E-Book Reader lassen sich auch sehr gut PDF Dokumente drauf lesen. Es eignet sich auch um Youtube oder Fernsehn abends im Bett zu sehen. Dies macht dreimal so glücklich als auf der Fernsehcouch zu liegen und dabei Fernsehen zu gucken. Youtube ist viel besser für die Intelligenz, wenn man sich jeden Song selber anhört. Eine Playlist zu hören bringt nichts für den IQ.

Dieses Buch steigert den IQ um 804 IQ Punkte. 20 Physiker haben an dieser Studie teilgenommen. Sie haben ein Jahr nach diesem Buch gelebt. Es ist das Buch, dass den IQ am meisten steigert!

Anwendung im Alltag

Lese dieses Kapitel bitte auch ganz durch.

Tag 1:

Heute hast du bereits mein Buch gelesen. Denke über den Inhalt nach. Zuerst setzt du um, dass du einen alten Freund triffst. Dies verhindert Schizophrenie, da du so offen für die Welt bleibst. Dies setzten die Coolen um und keine Streber. Du rufst deinen Freund am besten an. So klappt es immer. Über Facebook verabreden klappt nicht immer. Erzähle bitte auch von diesem Buch bei deiner Verabredung.

Tag 2 kannst du erst weiter spielen, wenn du dich mit deinem alten Freund getroffen hast. Falls du an diesem Abend nicht schlafen kannst, dann denke bitte über deinen Freund nach und zwar die ganze Zeit.

Du kannst natürlich die Superfoods, die du berteits konsummiert weithin vernaschen. So z.B. der Kaffee der 170 IQ Punkte bringt.

Tag 2:

Schreibe dir eine Einkaufsliste. Gehe dazu die Superfoods noch mal durch und schreibe auf welche Superfoods du essen möchtest. Gehe dann heute oder morgen einkaufen. So wie du es zeitlich schaffst.

3. Tag:

Überlege was du im Internet bestellst. Vitamine für mehr Testosteron, Superfoods und Badezusatz. Shopen ist angesagt.

Tag 4: expressives Schreiben

Tag 5: expressives Schreiben
Tag 6: expressives Schreiben
Tag 7: eigene Ziele Formulieren

8. Tag:

Überlege dir eine Tätigkeit die du in deinen Alltag entegrierst. Allen Joggen empfehle ich damit weiter zu machen. Probiere mal meditatives Joggen aus. Die Meditation kannst du dann am nächsten Wochenende auch ausprobieren.
Baden für die Intelligenz ist kein bisschen anstregend. Dies kannst du am Abend nach der Arbeit machen. Du musst Prioritäten setzen. Fühlst du dich nicht erleichtert, wenn ich dir sage du musst gar nicht abends einen Film sehen?
Du hast im Beruf schon genug Termine. Du solltest nur eine Aktivität zu abschalten machen. Und Baden bringt wirklich nur was bei einer täglichen Routine.

Crowdsourcing als neue Arbeitsform
– Chancen und Grenzen

Jan Mundhenk

Autor: © 2024 Jan Mundhenk
Auflage: 1

ISBN: 978-3-7597-3582-9
Verlag: BoD • Books on Demand GmbH, In de Tarpen 42, 22848 Norderstedt
Druck: Libri Plureos GmbH, Friedensallee 273, 22763 Hamburg

Abbildungen:
Titelseite und Schmutztitel: Gestaltung Jan Mundhenk, Grafiken vom Autor
Übrige Abbildungen: Jan Mundhenk
Es wurde recherchiert, ob in diesem Werk Abbildungen von Dritten eingesetzt wurden. Sollten Werke von Urheberinnen oder Urhebern nicht ausfindig gemacht worden sein, werden diese bei Bekanntgabe entsprechend der üblichen Regelungen entschädigt.

Inhalt

Abbildungsverzeichnis

1   Einleitung

Ziel der Hausarbeit ist es herauszufinden, inwieweit Crowdsourcing ein Arbeitsmodell ist und inwieweit sich Chancen und Risiken aus dieser Art zu arbeiten ergeben.

In dieser Arbeit sind stets alle Geschlechter gemeint ohne gesondert differenziert zu werden. Diese Entscheidung ist bedingt durch einfache Lesbarkeit.

Crowdsourcing lässt sich als Konzept beschreiben, welches einen Crowd-Sourcing-Inititator (Crowdsourcer) und einen Arbeitleistenden (Crowdsource) vorsieht. Im Kern wird bisherige Erwerbstätigkeit von Arbeitnehmern mittels Outsourcing an andere Diensleistende vergeben. Dies soll rationell den Zielen dienen, die Arbeit zu vereinfachen und eine Kostenersparnis zu bewirken. Der Arbeitsleistende kann eine Unternehmung, eine staatliche oder nichtstaatliche Organisation ein. Die Perspektive liegt soziologisch betrachtet bei Crowdsources. Die ehemals gegen ein Entgelt erhaltene Leistung wird über oinon Aufruf bei einer Crowdsourcing-Agentur platziert und kann offen eingesehen werden und durch bisher nicht bekannte Akteure angenommen werden. Es ist möglich, dass sowohl die Crowdsourcer als auch Crowdsource positive Ergebnisse bekommen. Diese Vorzüge können sich wirtschaftlich auswirken bzw. ungebunden verwerten lassen (Papsdorf & Voß, 2009, pp. 69–71). Crowdsourcing unterstützt demnach den Abbau einer Grenze zwischen Arbeiten und Freizeit (Braham, 2007, p. 82).

Thematisch hängt Crowdsourcing somit mit Subjektivierung von Produktion oder Dienstleistung zusammen und entgrenzt Arbeit und Leben. Dies lässt sich bei Kratzer (2003) feststellen und ebenso bei Voß (1998b) und weiterhin bei Minssen (2000). Damit weicht das Subjekt ab vom Taylorismus und stellt sich flexibel und individuell zur Verfügung. Arbeit wird somit informational betrachtet gesehen und durch Technik unterstützt, wobei die Anweisungen von außen kommen. Dies lässt sich bei Baukrowitz and Boes (1996) und weiterführend Pfeiffer (2001) feststellen. Es ergibt sich im theoretischen Kontext, dass konkretes Arbeiten des Individuums betrachtet wird wie bei Kleemann, Matuschek, and Voß (2003). Arbeiten wird durch Tehnik verändert und prozedurale Optimierungen und Versuche halten Einzug in die Arbeit (Kleemann et al., 2003, pp. 58–59). Als organisationales Modell verlangt Crowdsourcing mehr Zusammenarbeit, Teilhabe und Autonomie (Nordhause-Janz & Pekruhl, 2000, p. 56). Dabei sollen die Crowdsources ihr subjektiviertes Arbeitshandeln anbringen wie Böhle (1994) darlegt.

Neben der Perspektive von Gewerkschaften (Antas & Wagner, 2013), der Außensicht (Berger, Lienbacher, & Reutterer, 2011)

Im Rahmen der Hausarbeit wird zunächst der Begriff des Crowdsourcings definiert und die Fragestellung der Arbeit wird aufbereitet (Kapitel 1). Inhaltlich geht es um die Fragestellung, inwieweit Crowdsourcing als Arbeitsmodell in der Arbeitssoziologie verortet werden kann und welche Chancen und Grenzen diese Art zu arbeiten haben kann. Daran anschließend werden Aspekte zur Organisation von Arbeit entfaltet (Kapitel 2) und detaillierter (Kapitel 2.1) und die Tendenzen einer neuen Arbeitsform durch technologischen Fortschritt werden entfaltet (Kapitel 2.2).

Im Anschluss an die theoretische Vorstellung findet die Beschreibung von Merkmalen von Crowdsourcing statt (Kapitel 3), wobei auf die Inhalte von Kapitel 2 Bezug genommen wird. Die Abläufe und Handlungsbedingungen werden ausgehend von Literatur bearbeitet (Kapitel 3.2). Die Motivation der Akteure steht im Fokus (Kapitel 3.3). Die monetäre Vergütung für die Arbeit in der Menge wird als Entlohnungsmöglichkeiten beschrieben (Kapitel 3.4).

Im Kapitel 4 werden die Chancen und Grenzen herausgearbeitet und im Kapitel 5 eine zusammenfassende Übersicht und ein Ausblick gegeben.

Dabei wird im Rahmen der Arbeit nicht die gesamtgesellschaftliche Perspektive eingenommen, da dies den Rahmen der Arbeit überschreiten würde. Der Fokus liegt auf der arbeitssoziologischen Perspektive.

2 Arbeitssoziologische Perspektive zur Organisation von Arbeit

Zunächst sollen wichtige Begriflichkeiten wie Arbeit, Erwerbsarbeit und Arbeitskraft geklärt werden. Es soll der Organisationsbegriff präzisiert werden.

2.1 Arbeit, Erwerbsarbeit und Arbeitskraft

Bevor auf die soziologische Sicht auf Arbeit eingegangen wird, soll zunächst begrifflich geklärt werden, was Arbeit überhaupt bedeutet. Arbeit ist begrifflich von Herstellen zu unterscheiden (Kruse, 2002, p. 20). Die Assoziationen im Zusammenhang mit *Arbeit* legen einigen Aufwand bei körperlichen Handlungen nahe. Herstellen bedeutet dabei eher ein künstlerisches Schaffen (Kruse, 2002, pp. 21–22). Die Bedeutungsinhalte des Begriffs Arbeit veränderten sich im Zeitverlauf. Je nach Kontext wird Arbeit verschieden begrifflich bestimmt (Kruse, 2002, pp. 9–15).

Der begriffliche Kontext lässt sich mittels Dahrendorf (1983) näher begrifflich

fassen. Die Arbeit stellt eine humane Aktion dar, der es bedarf, um im begrenzten Rahmen autonom zu handeln. Weiterhin kann zwischen Arbeit und Tätigkeit unterschieden werden (Dahrendorf, 1983, p. 26).

Arbeit bildet damit einen Rahmen zur Existenz des Menschen, da das damit verknüpfte Entgelt dem Erwerb weiterer Güter und Dienstleistungen dienlich sein kann.

Arbeit kann neben der Handlungen von Leib zudem die Handlungen des Intellekts umfassen, deren Handlungsergebnisse in begrenzte und wertvolle Güter und Dienstleistungen münden. Bei der *Erwerbsarbeit* erfolgt ein Austausch von Arbeit gegen eine monetäre Entlohnung (Rürup, 1994, p. 35). Es gibt damit eine Arbeit und eine *Erwerbsarbeit*, die sich begrifflich abgrenzen lassen. An dem begrifflichen Konzept von Rürup (1994) orientiert sich diese Hausarbeit im weiteren Verlauf.

Die angebotene *Arbeitsleistung* der Erwerbstätigen wird als Arbeitskraft verstanden. Die Arbeitenden sind für sich bevollmächtigt und können ihre Arbeitsprozesse teilweise eigenständig einteilen. Teilweise handeln die Arbeitskräfte auch außerhalb eines Betriebs im beruflichen Kontext und werden Selbstständige. Damit bearbeiten sie Aufträge und verändern ihre Rolle vom Arbeitnehmer im Kontext einer Institution wie einem Betrieb als Arbeitgeber. Gleichzeitig lässt sich historisch orientiert ein mehrteiliger Entwicklungsprozess beschreiben, der seine Anfänge bei der Industrialisierung nahm und mit einem gewissen Aufwand eine Kontrolle von Arbeitgebern über ihre abhängig Beschäftigten im Taylorismus ausübte. Im Anschluss daran wurden Berufe und Zertifikate für eine gewisse spezialisierte Ausbildung im Fordismus eingesetzt, wobei mit der Arbeitskraft organisatorisch in Strukturen geplant wird. Anschließend daran geht der Postfordismus dazu über, den Arbeitnehmern in einem Betrieb einige Elemente der Selbststeuerung und damit eine gewisse Autonomie zu erlauben. Dabei kommen überfachliche Kompetenzen der Selbststeuerung im Sinne einer Selbstständigkeit als Arbeitskraftunternehmer neben fachlicher Expertise zum Einsatz (Matys, 2014, pp. 161–163).

Diese Arbeitskraftunternehmer können ihre eigene Arbeitskraft kontrollieren, bieten ihre Leistungen aktiv oder passiv an und erzielen so eine ökonomische Entlohnung der eigenen Angebote. Zudem wird die eigene Substanz dazu verwendet, möglichst zweckmäßig das eigene Sein auf die Arbeitsleistung und entsprechende Angebote auszurichten (Matys, 2014, pp. 163–164).

Im nächsten Abschnitt folgt ein Überblick über Organisation von Arbeit im Kontext von betrieblichen Strukturen.

2.2 Organisation und Arbeit

Im Laufe der Jahrhunderte wird der Begriff der Organisation mittlerweile in sehr viel unterschiedlicheren Facetten dargestellt und verwendet. Neben zunächst nicht-ökonomischen Institutionen (z.B. Kirche) sind auch ökonomisch agierende Institutionen zu finden als Organisationen (Schulte-Zurhausen, 2014, p. 1). Formale Strukturen werden in Organisationen eingesetzt, damit sich Mitglieder einer solchen organisation auf bestimmte Aktivitäten konzentrieren können. Weiterhin werden die institutionale Organisation als soziales System mit formaler Struktur beschrieben und die instrumentale Organisation zur Realisation von Zielen (Schulte-Zurhausen, 2014, p. 1).

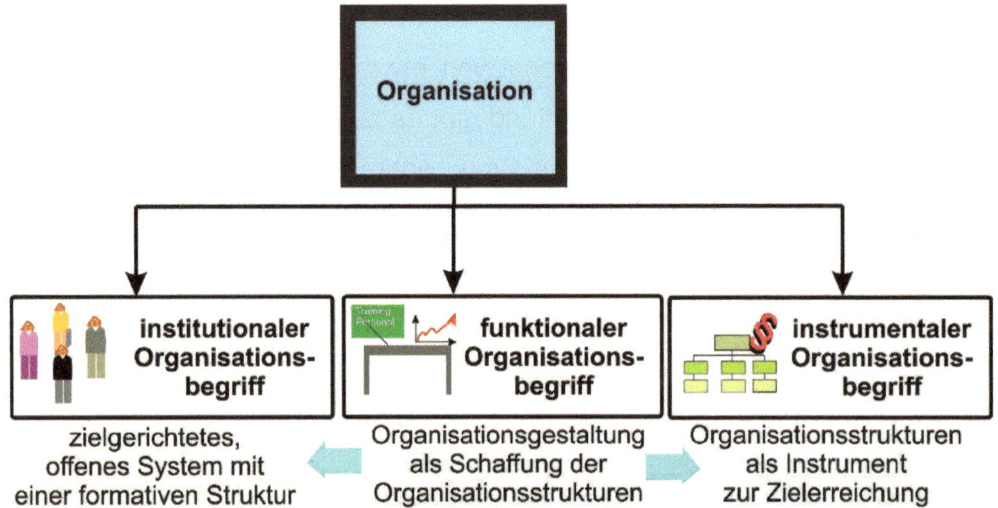

Abbildung 1: Kategorien von Begriffsauffassungen zur Organisation
Quelle: Eigene Darstellung verändert nach (Schulte-Zurhausen, 2014, p. 1)

In dieser Arbeit stehen die Akteurinnen und Akteure im Mittelpunkt, Organisation wird hier als institutionale Organisation verstanden. Diese lässt sich als zielgerichtetes, offenes System mit einer formativen Struktur auffasen (Schulte-Zurhausen, 2014, p. 37). Es geht nicht um funktionale Organisation und instrumentale Organisation.

Eine solche institutionale Organisation umfasst „die Gesamtheit aller formellen Regeln, die der Arbeitsteilung, der Steuerung der betrieblichen Prozesse sowie des Verhaltens der daran beteiligten Mensch dienen" (Schulte-Zurhausen, 2014, p. 37).

Nachdem die Begrifflichkeiten erläutert worden sind, folgt im nächsten Abschnitt ein Einblick in Crowdsourcing als Phänomen einer veränderten Art zu Arbeiten.

3   Crowdsourcing als neue Arbeitsform

Es lassen sich in den letzten Jahren vermehrt Tendenzen zur Veränderung von Arbeit finden. Crowdsourcing stellt den Autoren nach ein neuartiges Modell zur Organisation von Arbeit dar, für welches sich die Autoren um begriffliche Präzisierung und empirische Untersuchung aussprechen. Crowdsourcing ist ein Neologismus bestehend aus Menge von Arbeitskräften (crowd) und Auslagerung (outsourcing). Er wird 2006 im Wired Magazine in Amerika geschaffen (Leimeister, Durward, & Zogaj, 2016, p. 15).

Neben der Vermittlung von Arbeit in Form von einzelnen Aufgaben und koordinierten Orten. (Leimeister et al., 2016, p. 9). Es gibt somit "Microtask, Marktplatz, Design und Testing" (Leimeister et al., 2016, p. 9).

Marktplätze und Design-Portale ermöglichen einen Verdienst von etwa "660 Euro pro Monat" (Leimeister et al., 2016, p. 9). Zur Vermittlung gibt es zudem Plattformen für "Testing" und "Mikrotask" mit Verdiensten für Crowdworker von "441 Euro" für "Tests" und "144 Euro" für "Mikrotasks". Es gibt hohe Abweichungen in der Höhe (Varianz des Verdienstes) bei den etwa 80 Prozent Nebenerwerbstätigen, die Haupterwerbstätigen erhalten ein Einkommen von etwa "1500 Euro". Es sind Wochenarbeitszeiten von maximal "80 Stunden" in der Stichprobe vorhanden (Leimeister et al., 2016, p. 10).

Abbildung 2: Homepage von InnoCentive – eine Crowdsourcing-Plattform
Quelle: (Innocentive, 2018)

Offen ist die Frage, für welche Arten von Arbeiten sich für Crowdsourcing eignet. Crowdsourcing verbindet das teilen von Wissen zur Problemlösung mit dem Agieren einer fiktiven Gruppe von Unbekannten. Dabei sollen die Beteiligten

zusammenarbeiten, stehen zeitgleich als Konkurrenten auf den Crowdsourcing-Plattformen in Form von Internetseiten. Dies setzt neben einer gewissen Motivation den Zugang zum Internet und einem Computer voraus, da hier eine Art Web 2.0-Umgebung eingesetzt wird. Insbesondere für den Beitrag verschiedener Einstellungen steht eine Art von "Meinungsvielfalt" bereit, dabei spielt "verteiltes Wissen" eine Rolle, denn aus den Beiträgen Einzelner soll ein Gesamtergebnis erzielt werden (Clement & Schreiber, 2016, p. 278).

Neben der Weitergabe von eigenem Wissen an die Gruppe als "Crowd wisdom" wie bei Wikipedia ergeben sich beim "Crowd voting" die Möglichkeiten zur Beurteilung und Entwicklung von Voraussagen im Hinblick auf Entscheidungen zum Kauf von Konsumgütern, Meinungsprozessen wie Wahlen und im Hinblick auf Resultate von Verkäufen und Käufen wie bei Aktien. Im Kontext von Erwerbsarbeit wird "Crowd creation" als schöpferische Erstellung von neuartigen Ideen in Prozesse als Leistung, "Crowd labor" schafft keine Arbeitsergebnisse zu kleinen Aufgaben ("Microtasks") und damit beispielsweise die Kategorisierung von Medien oder Übertragung von Textmaterialien. Beim "Crowd funding" werden im Zusammenspiel der verschiedenen Akteure neue Ideen generiert, die für ökonomische Unternehmungen bereitstehen oder Finanzierungen gemeinsam ermöglichen (Clement & Schreiber, 2016, p. 279).

3.1 Crowdsourcing als Modell

Die Crowdsourcer rufen zunächst offen über eine IT-Plattform zur Mitarbeit auf. Sie vergeben einen Auftrag an die Crowdworker und führen dazu. Als Crowdworker können einzelne Individuen, Gruppen von Individuen oder Institutionen sein. Die Aufgerufen können prinzipiell freiwillig über Ihre Mitarbeit am Auftrag entscheiden (Leimeister et al., 2016, p. 15).

Grafisch lässt sich dies wie folgt darstellen, wobei die IT-Plattform über das Internet bereitgestellt wird.

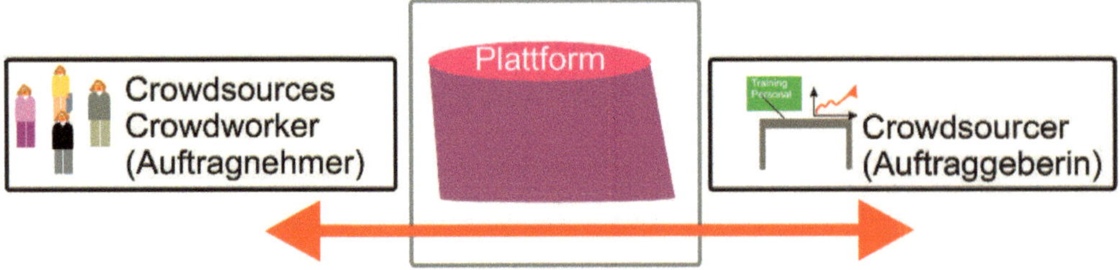

Abbildung 3: Crowdsourcing vereinfacht eigens dargestellt

Quelle: Eigene Darstellung unter Verwendung des Konzeptes von Leimeister et al. (2016, p. 15)

Die Handlungen beim Crowdsourcing lassen sich beispielsweise mit Hilfe des Handlungsmodells von Viitamäki (2007) darstellen und analysieren. Im Kern

beschreibt das Modell die Aspekte Fokus, Sprache, Belohnungen, Regeln und Werkzeuge.

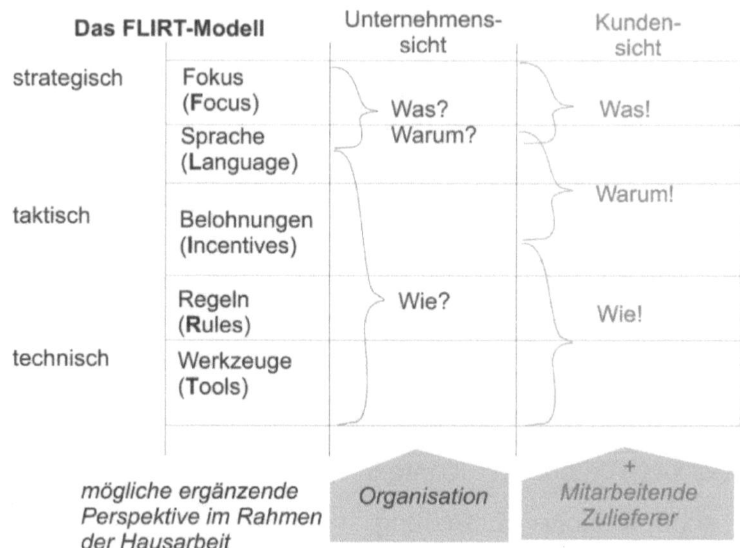

Figure 1: FlIRT Modell Arbeitnehmer

Quelle: Eigene Darstellung verändert nach (Viitamäki, 2007, p. 137)

Der Ansatz stellt dabei eine Möglichkeit dar, mit vorhandenen Strukturen des Crowdsourcings systematische Forschung zu betreiben. Möglicherweise stehen in Zukunft darauf beruhende arbeitssoziologische Forschungsansätze bereit.

In Crowdsourcing-Projekten fallen etwa sieben Phasen an. In Phase eins werden Aufträge eingestellt von den Crowdsourcern als Auftrag gebenden Institutionen, in Phase zwei werden Aufträge zerlegt in sogenannte Microtasks als kleinteilige Aufgaben. In Phase drei werden die interessierten Crowdworker getestet im Hinblick auf ihre Qualifikationen. Diese Phase wird ausgeschrieben. In Phase vier können erfolgreich Qualfizierte als Crowdworker Microtasks aufrufen und erarbeiten Ergebnisse gegen ein vereinbartes Entgelt. In Phase fünf wird die Qualität der eingereichten Arbeitsergebnisse überprüft. In Phase sechs werden die erzielten Teilergebnisse zu einem Gesamtergebnis zusammengeführt. In Phase sieben ist der Auftrag fertiggestellt und das Projektergebnis kann über die Crowdsourcing-Plattform vom Auftraggeber abgerufen werden (Clement & Schreiber, 2016, p. 282).

Tendenziell werden Bezahlung und sehr kleine Aufgaben von Unternehmen als Crowdsourcern eingesetzt, um Arbeiten von Crowdworkern erarbeiten zu lassen (Clement & Schreiber, 2016, p. 281).

Monetäre Belohnung wird eingesetzt, um Crowdworker zur Arbeit zu bewegen. Diese Form der extrinsischen Motivation wird zum Teil kombiniert mit intrinsischen Motivationsmotiven (Clement & Schreiber, 2016, p. 280).

3.2 Tendenzen einer neuen Arbeitsform

Crowdsourcing erscheint entweder konkurenzorieniert oder kollaborativ zu verlaufen. Im konkurrenzorientierten Crowdsourcing schaffen die einzelnen Crowdworker die ausgesuchten Aufgaben allein und präsentieren diese über eine Plattform dem Crowdsourcer. So sind Plattformen wie InnoCentive auf der Suche nach kreativen Ideen. Diese sind einfach in ihrer Beschaffenheit. (Leimeister & Zogaj, 2013, pp. 61–62).

Beim kollaborativen Crowdsourcing schließen sich einzelne Crowdworker zusammen und erarbeiten zusammen Ideen, die zu komplex für Einzelne sind. Diese sind komplex in ihrer Beschaffenheit. (Leimeister & Zogaj, 2013, p. 62). Während die Arbeit für Crowdsourcer somit weniger komplex wird, erfordert diese veränderte Art von Arbeit von Crowdsources zunehmend planende und strukturierende Kompetenzen und die Fähigkeit zur Problemlösung bei zunehmender Eigenständigkeit (Welsch, 1997, p. 57). Crowdsourcing kann dazu beitragen, die Dimensionen von Entgrenzung wie der räumlichen Entgrenzung reduzieren (Voß, 1998b).

Wie bereits angedeutet ergeben sich aus der Technisierung und Vernetzung mögliche Veränderungen der Arbeitsorganisation und dem Arbeitsvermögen für die Arbeitenden (Pfeiffer, 2001, pp. 239–245).

Je nach Kontext und Inhalt der ausgelagerten Arbeit kann es zudem passieren, dass die Crowdsources nur wenige Freiheitsgrade in ihrer Strukturierung der Arbeit haben und bei anderen Arbeiten auf die Zusammenarbeit mit dem Computer angewiesen sind (Kleemann, 2000).

Die Frage der Organisation der Arbeitsprozesse erfasst ebenfalls die Frage nach der Kategorisierung von Aufgaben. Organisatorisch können die Crowdworker zusammen arbeiten oder in Konkurrenz zueinander arbeiten. Bei wiederkehrenden *"Routine-Aufgaben"* werden Aufgaben mit wenig Vorwissen und wenig Aufwand von Einzelnen erledigt. Bewertungen und textuelle Optimierungen für Internet-Suchmaschinen stellen ebenso Tätigkeiten dar, wie manuelle Texterfassung, Kopieren und Einfügen von Inhalten von Webseiten oder das Verknüpfen unterschiedlicher Informationen wie Profilbildern mit Texten. Auf der nächsten Stufe stehen "*komplexe Aufgaben*" wie das Verfassen von Texten, Ausfüllen von Befragungen, Testen von Computeranwendungen. Die dritte Kategorie umfasst "kreative Aufgaben" wie das Entwickeln von Computeranwendungen, Bereitstellen von Ergebnissen aus kreativen Problemlösungen und Erarbeiten von Lösungen von wissenschaftlichen Fragen. InnoCentive ist ein Beispiel für die Sammlung von Expertenbeiträgen,

die Lösungen für unternehmensinterne Probleme erarbeiten können (Clement & Schreiber, 2016, pp. 279–280).

Erwerbsarbeitende verfügen immer mehr über Selbstkontrolle, Selbst-ökonomisierung und Selbst-Rationalisierung als selbstständige Arbeitskräfte. (Matys, 2014, pp. 163–164). Es sind keine glaubwürdigen empirischen Belege für einen neuen Typ von Arbeitskraft bzw. Erwerbsarbeitskraft vorhanden (Matys, 2014, p. 165).

Im nächsten Kapitel folgt eine Betrachtung der Handlungsoptionen der Einzelnen im Kontext von Crowdsourcing. Dabei tritt die Crowdsourcing-Plattform als Vermittlerin auf, wobei sich mit ihr möglicherweise betriebliche Herausforderungen lösen lasen. Ebenso zeigt sich dabei, dass die betrieblichen Grenzen verschwimmen oder dies zumindest teilweise zutreffend sein kann.

3.3 Abläufe und Handlungsbedingungen

Wie die Abläufe und Handlungsbedingungen im Crowdsourcing sind, hat Leimeister sich mit Kollegen weiter angesehen.

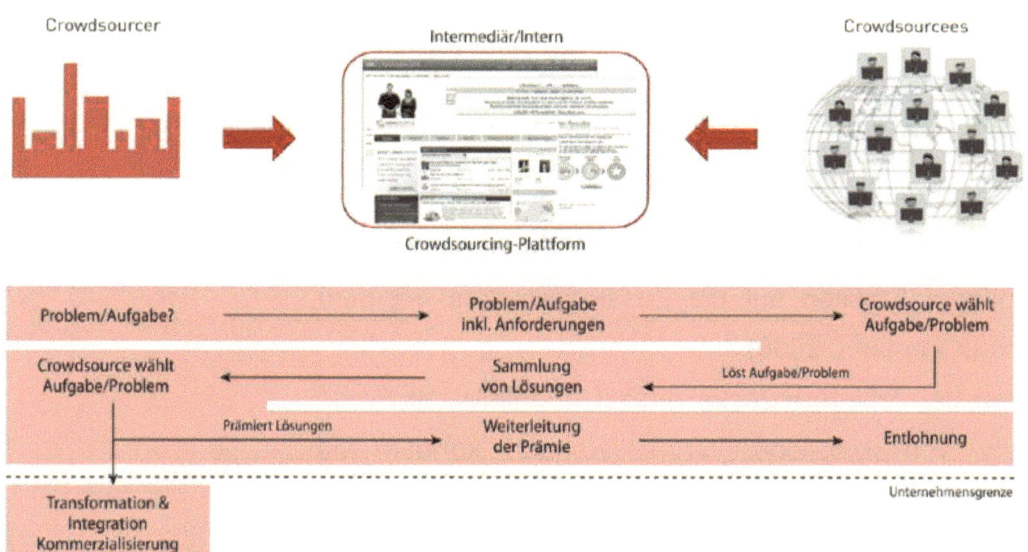

Abbildung 4: Idealtypischer Crowdsourcing-Prozess
Quelle: (Leimeister, 2012, p. 391)

Crowdsourcing erscheint eine weitere Verbreitung zu erhalten. Dabei können Unternehmen die Vorteile nuzten und die Crowdworker sollen durch geregelte Entlohnung ihrer Tätigkeiten und Mitbestimmungsmechanismen teilhaben können. Gelingt dies, kann Crowdsourcing ein passendes Umfeld für Crowdworker und Crowdsourcer haben (Leimeister et al., 2016, V).

Zum Umfeld gehört für die Plattformbetreiber die Unterstützung von Auftraggebern durch Bereitstellung von Unterstützung in der Koordination und dem Management der Prozesse (Leimeister, 2012, p. 391).

Detaillierter lassen sich die Phänomene der Entgrenzung von Arbeit, Erwerbsleben und Leben im Kontext der Betrachtungen von Voß (1998a) darstellen.

Die Crowdworker sind flexibel darin, wann und wie lange sie arbeiten und wo sie sich wie organisieren (Voß, 1998a, p. 480). Die Crowdworker sind somit von Entgrenzung ihrer Zeit betroffen. Dies gilt insofern, als sie über Arbeit und Freizeit selbst bestimmen können und ihre Flexibilität für die eigene Zeiteinteilung nutzen können (Voß, 1998a, p. 480).

Arbeiten kann in bestimmten Räumen stattfinden. Dies kann zum Beispiel in privaten Räumen sein, die zu Arbeitszwecken eingesetzt werden, wie zum Beispiel bei der Telearbeit. Der räumliche Abstand zwischen Arbeiten und Freizeit verschwindet im Zuge der Invidualisierung (Voß, 1998a, p. 480). Crowdsourcing kann als Telearbeit aufgefasst werden, wobei die Crowdworker ihre Ausstattung selbst zur Verfügung stellen (Voß, 1998a, p. 480).

Arbeitende erhalten keinen Standardarbeitsplatz, sondern sie sind zunehmend selbst für die Ausstattung zuständig und können über ihre Computerarbeitsplätze selbst entscheiden. Dabei können diese PCs und andere Geräte und Programme und Ausstattungsgegenstände sowohl für die Arbeit als auch die Freizeit genutzt werden (Voß, 1998a, p. 480). Die Arbeitenden entscheiden selbst über die Arbeitsausstattung und stellen diese für die Arbeit zur Verfügung. Gleichzeitig können sie diese Bücher, IT-Ausstattung und andere Geräte und Materialien auch für ihre individuellen Zwecke einsetzen und unterliegen weniger der Kontrolle der Arbeitgebenden (Voß, 1998a, p. 480).

Arbeitgeber entscheiden über Arbeitsausführung und Detailkontrolle weniger. Sie legen die benötigten Qualifikationen fest. Es kommt jedoch zur selbst geplanten Arbeit und Überprüfung von Arbeiten und Terminierung und anderen Rahmen gebenden Aspekten. Die Arbeiten bilden sich flexibel weiter und passen sich den geforderten Dingen an. Dies gilt zudem bei nicht-definierten Aufgabenbereichen und Können im Prozess der Arbeit und in der Freizeit (Voß, 1998a, p. 480). Crowdworker entscheiden über ihre Qualifizierung mit und bieten sich bei offenen Aufrufen über Internetplattformen an. Sie sind nicht mehr klassisch bei Unternehmen angestellt als Crowdworker. Zugleich üben Crowdsourcer nicht mehr die Funktion aus, über die Arbeitsplatzbeschreibung oder Typisierung der Arbeitsanforderungen im Zuge von Stellenausschreibungen und Drängen auf Weiterbildungen oder Zwang zu Fortbildungen zum Erhalt der Erwerbstätigkeit das Personal zu binden in Form

von Human Capital Management. (Voß, 1998a, p. 480).

Erwerbstätige können ihre Art zur Kooperation und die Normen in Gruppen selbst bestimmen. Es gibt verschieden verteilte Arten von formen und Normen sowohl im Arbeitsleben als zudem im Privatleben (Voß, 1998a, p. 480). Crowdworker organisieren ihr Arbeiten zunehmend selbst und haben damit die Aufgabe, sich Normen und Formen der Zusammenarbeit im Arbeitsleben und in der Freizeit zu unterwerfen (Voß, 1998a, p. 480).

Erwerbstätige müssen sich vermehrt selbst dazu bringen, mit Motivation, Zielsetzungen und Disziplin den Arbeiten nachzukommen und dies sowohl allein als auch mit anderen Erwerbstätigen. Dies ist im Arbeitsleben und in der Freizeit vorkommend, wobei sich die Erfahrungen aus der Erwerbsarbeit in der Freizeit finden (Voß, 1998a, p. 480). Crowdworker müssen sich als Erwerbstätige selbst motivieren, Auftragsarbeiten alleine oder im Team durchzuführen und dabei selbstständig die Fristen einzuhalten und mit der Vergütung oder nicht-monetären Anreizen zufrieden zu sein. Sie haben das im beruflichen Bereich erworbene Verhalten zunehmend in den Freizeitbereich zu übertragen (Voß, 1998a, p. 840).

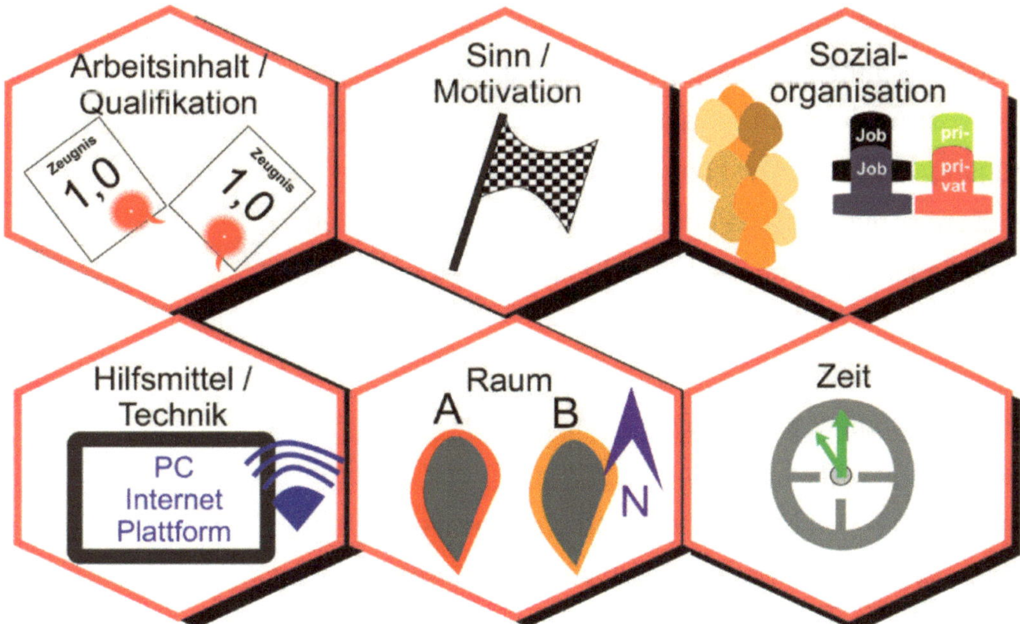

Abbildung 5: Sozialdimensionen in Arbeit und Leben

Quelle: Eigene Darstellung nach den Sozialdimensionen aus Literatur (Voß, 1998a, p. 480)

Im nächsten Kapitel werden die Chancen und Grenzen basierend auf der aktuellen Literatur erarbeitet.

4 Chancen und Grenzen

Es bleibt noch die Frage zu klären, welche Chancen und Grenzen

Crowdsourcing bietet.

Ideen lassen sich sammeln und dies mit geringem Aufwand und großer Zahl. Dabei müssen die Ideen bewertet werden, meist vom Crowdworker im Hinblick auf seine Kunden. Zudem sollen sich beim Crowdsourcing Kosten sparen lassen gegenüber anderen Arbeitsmodellen (Berger et al., 2011, p. 22).

Mit Crowdsourcing können Crowdsourcer auf bestehendes Wissen und Kompetenzen der Crowdworker zurückgreifen (Berger et al., 2011, p. 22).

In einer Umfrage äußerten sich mögliche Crowdsourcer in deutschen Unternehmen positiv zum Einsatz von Crowdsourcing für Kundenservice, Marketing, Marktforschung, Vertrieb, Personal, Forschung und Entwicklung, Finanzierung und Produktion. Insbesondere für vertrieblich orientierte Aufgaben und innovative Vorgehensweisen lassen sich demnach positive Wirkungen annehmen (Humboldt-Uni Berlin, 2014).

Bei Aufgaben im Dienstleistungsbereich und geringen Innovation können Crowdworker ihre Leistungen besonders gut anbieten (Walwei, 2017, p. 7).

Online-Plattformen für Crowdsourcing können die Publikation von Informationen und damit die Transparenz der offenen Angebote unterstützen. (Walwei, 2017, p. 7).

Abbildung 6: Chancen von Crowdsourcing auf einen Blick

Quelle: Eigene Darstellung nach verschiedenen Quellen (Leimeister & Zogaj, 2013) (Gassmann, 2013; Leimeister et al., 2016; 2013)

Neben den positiven Aspekten des Crowdsourcings ergeben sich negative. Diese werden als Grenzen für die weitere Verbreitung aufgezeigt.

Ein unternehmerischer Misserfolg von Crowdsourcern kann sich ergeben, wenn diese die Geheimhaltung von Unternehmensgeheimnissen nicht ausreichend beachten (Gassmann, 2013, p. 59). Unternehmensinternes Wissen kann somit abfließen (Gassmann, 2013, p. 59).

Im Kontext der textbezogenen Kommunikation ist es notwendig, präzise zu formulieren (Gassmann, 2013, p. 183).

In Bezug auf die vertretenen Meinungen lässt sich eine Tendenz zur Mitte in Form von Durchschnittsmeinungen feststellen (Leimeister et al., 2016, p. 283). Es wird nicht erwartet, dass die abhängige Beschäftigung als Erwerbsarbeit direkt durch nicht-abhängige Beschäftigungsformen wie Crowdsourcing in großem Ausmaße abgelöst wird. Dennoch kann anstelle von abhängigen Erwerbstätigen teilweise eine Verdrängung der Arbeitstätigkeit von Erwerbsarbeitskräften mit Werkverträgen bewirken (Walwei, 2017, pp. 7–8). Beim Crowdsourcing werden durch Einbindung von vielen externen Crowdworkern und der Plattform Kosten verursacht, die theoretisch als wenig kalkulierbar und hoch gelten. Die Studienlage ist hier jedoch bisher wenig ausreichend, um diese These zu bestätigen. Dies wird sowohl damit begründet, dass die Aufgaben in Projekten noch granularer geplant werden müssen und auch entsprechende Plattformen betrieben werden müssen. Zudem müssen die erledigten Teilaufgaben wieder im Unternehmen zu Gesamtergebnissen verdichtet werden (Leimeister & Zogaj, 2013, p. 58).

Für die Crowdworker sollten Anreize geboten werden, damit gute Ergebnisse erzielt werden im Sinne der Crowdsourcer. Die Bedürfnisse von Crowdworker sollten daher erst einmal recherchiert werden und anschließend sollten die Crowdworker monetär oder nicht-monetär eine Belohnung bekommen. Gelingt es nicht adäquate Anreize zu schaffen, kann die Ergebnisqualität und die Beteiligung der Crowdworker gering ausfallen (Leimeister & Zogaj, 2013, p. 59).

Im Hinblick auf die Situation der Crowdworker fehlt eine rechtliche Klärung der Rahmenbedingungen. Beispielsweise bleiben Aspekte der Beschäftigungs-dauer, möglichen Befristungen, Vertretungsmöglichkeiten durch Arbeitnehmervertreter in Institutionen oder die Frage des Anspruchs auf Urlaub ungeregelt (Blohm, Leimeister, & Zogaj, 2014, p. 62). Die Klärung der rechtlich unbestimmten Bedingungen des Arbeitens als Arbeitskraftunternehmer können beispielsweise Regelungen umfassen, die in einem Arbeitsvertrag geregelt werden und ansonsten in der Organisation der auslagernden Institution möglicherweise festgelegt sind.

Abbildung 7: Grenzen von Crowdsourcing auf einen Blick

Quelle: Eigene Darstellung nach verschiedenen Quellen (Gassmann, 2013) (Leimeister et al., 2016; Leimeister & Zogaj, 2013)

Im letzten Kapitel wird der inhaltliche rote Faden erneut aufgenommen und die zentralen Erkenntnisse der Arbeit werden zusammengefasst.

5 Fazit und Ausblick

Ziel der Hausarbeit ist es herauszufinden, inwieweit Crowdsourcing ein Arbeitsmodell ist und inwieweit sich Chancen und Risiken aus dieser Art zu arbeiten ergeben.

Crowdsourcing wird im Kapitel 1 als Form von Arbeitsorganisation charakterisiert, bei der ausgehend von der Initiatie eines Einzelnen oder eines Unternehmens als Crowdsourcer eine Arbeitsleistung angefordert wird und dies über ein Internetportal geschieht. Aus der Masse von Interessierten wird die Arbeitsleistung als Ganzes oder ein Teil davon von einem oder mehreren Arbeitenden als Quelle der Masse (Crowdsource) erbracht. Neben der rationellen Erbringung von Arbeit, durch Aufteilung auf mehrere Erarbeitende sollen sich Kosten senken lassen. Die Crowdsource und der Crowdsourcer können Unternehmen, staatliche Stellen oder andere Organisationsformen haben (Papsdorf & Voß, 2009). Es gibt Hinweise darauf, dass die Erbringung der Aufgaben außerhalb eines betrieblichen Arbeitsumfeldes die

ortsunabhängige Erbringung der Arbeitsleistung als Abbau von einer Grenze zwischen Arbeiten und Freizeit unterstützen kann (Braham, 2007). Dies spricht für eine entgrenzte Form von Arbeit.

Fraglich bleibt, ob diese andere Art zu arbeiten für Crowdsourcer und Crowdsources eher positive oder eher negative Folgen hat. Darum geht es im Kapitel 4 der Hausarbeit.

Crowdsourcing kann als neues Arbeitsmodell in der Arbeitssoziologie betrachtet werden. Das Kapitel 2 referiert für die Verortung verschiedene Grundlagen zur Arbeitsorganisation und geht auf Veränderungen durch technologischen Fortschritt und die Entwicklung zur Vernetzung und ortsunabhängige Arbeit und Organisation ein.

Die Merkmale von Crowdsourcing lassen im Hinblick auf Arbeit und Organisation miteinander verbinden, wie im Kapitel 3 geschehen. Neben einer prozeduralen Betrachtung von Abläufen und Handlungsrahmen bildet die Motivation von Crowdsourcer und Crowdworker eine Grundlage für diese Art zu Arbeiten beziehungsweise arbeiten zu lassen. Die Entlohnung weist Unterschiede in der Höhe gegenüber anderen Formen der Arbeit auf. Zur Kostenersparnis ist die Höhe des Arbeitslohns eher geringer als bei traditionellen Formen der Arbeitsorganisation.

Im Kapitel 4 werden die Chancen und Risiken erarbeitet. Die Chancen lassen sich so darstellen, dass Crowdsourcing vielfältige Einsatzbereiche eröfnet. Innovative Ideen lassen sich erzeugen und nutzen. Wissen und Kompetenzen lassen sich beim Crowdsourcing speichern. Die Markttransparenz lässt sich mit Crowdsourcing für Auftragnehmer und Auftragnehmer steigern. Monetär lassen sich Kosten reduzieren zum Beispiel für Routineaufgaben. Probleme bisheriger Arbeitsorganisation lassen sich zum Teil kundenorientiert mit Crowdsourcing lösen. Kosten lassen sich für den Crowdsourcer reduzieren, indem ein fester Zeitpunkt gesetzt wird und der Auftragnehmer unter Umständen mehr Arbeit pro Zeit schafft und somit eine höhere Effizienz nötig ist. Produktivität lässt sich so gegebenenfalls steigern. Crowdsourcing bietet somit eine Flexibilisierung von Arbeit in Form und Zeit.

Crowdsourcing bietet verschiedene Risiken. So kann es zur Verdrängung von internen Werksvertragsarbeitenden durch Crowdworker kommen. Das Handeln in der Crowd unterliegt kaum Kontrollen. Beim Crowdworking kommt den Aufforderungen zur Abgabe von Angeboten und Ausschreibungen, die als Kommunikation zwischen Crowdworker und Crowdsourcer dienen, auf eine präzise Kommunikation im Hinblick auf die Formulierungen an. Gelingt das

präzise Formulieren nur bedingt, kann dies ein Risiko für das Verständnis des Arbeitsauftrags und der Erwartungen des Auftraggebers beim Auftragnehmer sein. Die Masse als Crowd bildet einerseits verschiedene Meinungen von Arbeitenden ab, dies ermöglicht somit eine Meinungsvielfalt. Allerdings ist in der Tendenz von einer Orientierung an einer Durchschnittsmeinung auszugehen, was die Vielfalt einschränkt. Mittels Crowdsourcing kann eine gewisse Annonymität suggeriert werden, einerseits im Hinblick auf die Auftraggeber und andererseits im Hinblick auf die Auftragnehmer. So bieten Crowdsourcing-Plattformen den Crowdworkern und auslagernden Unternehmen einen gewissen Schutz vor Einblicken durch die Konkurrenz.

Crowdsourcing als Form der Arbeitsorganisation bietet die Möglichkeit, dass sich Fehler ereignen. Für das beauftragende Unternehmen können neben dem Misserfolg auch die zur Verfügung gestellten Unternehmensgeheimnisse als Internata negativ sein, sofern diese zum Beispiel an die Konkurrenz weitergegeben werden. Es kann durch die Mitarbeitenden unter den Crowdworkern zu einem Widerstand kommen, die Arbeitenden können ihre Leistungen zeitlich verzögert oder nicht im vereinbarten Umfange erbringen. Dies kann negative Konsequenzen für die Unternehmen bieten und sich gegebenenfalls negativ im Hinblick auf die Reputation des Unternehmens und der Crowdworker auswirken. Ebenso bleibt möglicherweise rechtlich ein Klärungsbedarf, ob die Crowdworker lediglich als Selbstständige und somit Arbeitskraftunternehmer tätig sind beziehungsweise inwieweit sie Ansprüche durch ihre Erwerbsarbeit erwerben.

Ausgehend von den dargestellten Aspekten könnte erforscht werden, wie sich geringere Entlohnung in Crowdsourcing-Projekten auf die Lebenswirklichkeit von Crowdsources und Crowdsourcern und deren Handlungsoptionen auswirken kann. Dazu wäre es möglicherweise notwendig, die Operationalisierung von hohem Lohn und geringem Lohn vorzunehmen, ein abgeschlossenes Themenfeld von Crowdsourcing festzulegen und den Zeitraum für eine Untersuchung nebst entsprechendem Forschungsdesign zu präzisieren.

Bedingungen für ein erfolgreiches Crowdsourcing könnten ebenfalls näher untersucht werden, wobei Erfolg möglicherweise zu operationalisieren wäre und entsprechend zu verorten wäre im Kontext von wirtschaftlichem Erfolg, motivationalem Erfolg oder Erfolg im Hinblick auf den Abschluss von Crowdsourcing-Aufträgen.

Im Hinblick auf die Strategien zum Umgang mit einer Veränderung der Arbeit in

Bezug auf die Freizeit könnte ausgehend vom Crowdsourcing eine Forschung stattfinden, die konkrete Instrumente zur Erhebung und Analyse erarbeitet und möglicherweise zudem psychologische Aspekte einbezieht. Eine andere Option wäre die Adaption des FLIRT-Modells und die Kontextualisierung im arbeitssoziologischen Zusammenhang.

Weiterhin lassen sich aus dem Kontext der verschiedenen Akteure wie Gewerkschaften, Politik, Unternehmensveränden, öffentlichen Institutionen, Forschung und Lehre möglicherweise Verknüpfungen zum Crowdsourcing ziehen. Sofern beispielsweise Auftragsforschung an Dritte ausgelagert wird, könnte in Forschung und Lehre untersucht werden, inwieweit Crowdsourcing vorliegt, wenn die Vorhaben und Projekte in viele kleine Tätigkeiten aufgeteilt werden und diese an Crowdworker als Crowdsourcing vergeben werden.

Ein weiteres Forschungsfeld eröffnet die Betrachtung von Menschen mit verschiedenen Qualifikationen zum Beispiel im Kontext des Deutschen Qualifikationsrahmens. Eine Fragestellung könnte hier sein, inwieweit sich bedingt durch Migration die Bereitschaft von Menschen mit geringer formaler Qualifikation oder höherer Qualifikation ändert, sofern sie möglicherweise einen höheren Konkurrenzdruck im Betrieb spüren. Dabei könnte Crowdsourcing als Handlungsoption untersucht werden, sofern beispielsweise ein Verlust des eigenen Arbeitsplatzes als Arbeitnehmer eintreffen würde. Die Einstellungen der Arbeitskräfte könnten dann im Hinblick auf Reaktionen bei Wahrnehmung von Konkurrenz und den Auswirkungen auf Motivation, Leistungsbereitschaft und Umgang mit möglichen existenziellen Risiken in der Erwerbsarbeit betrachtet werden.

Literaturverzeichnis

Antas, J.-C. R., & Wagner, H. (2013). Kernfragen betrieblicher und gewerkschaftlicher Interessenvertretung. In IG Metall (Ed.), *Crowdsourcing. Beschäftigte im globalen Wettbewerb um Arbeit - am Beispiel IBM* (pp. 58–63). Frankfurt am Main: Druckhaus Dresden.

Baukrowitz, A., & Boes, A. (1996). Arbeit in der ‚Informationsgesellschaft'.: Einige Überlegungen aus einer (fast schon) ungewohnten Perspektive. In R. Schmiede (Ed.), *Virtuelle Arbeitswelten: Arbeit, Produktion und Subjekt in der „Informationsgesellschaft"* (pp. 129–157). Berlin: Ed. Sigma.

Berger, T., Lienbacher, E., & Reutterer, T. (2011). Crowdsourcing - Wertschöpfung 2.0 (Praxisbeitrag). *transfer - Werbeforschung & Praxis*, *57*(3), 22–34.

Blohm, I., Leimeister, J. M., & Zogaj, S. (2014). Crowdsourcing und Crowd Work - ein Zukunftsmodell der IT-gestützten Arbeitsorganisati-on? In W. Hess & T. Brenner (Eds.), *Wirtschaftsinformatik in Wissenschaft und Praxis, Business Engineering* (pp. 51–64). Berlin, Heidelberg: Springer.

Böhle, F. (1994). Negation und Nutzung subjektivierenden Arbeitshandels bei neuen Formen qualifizierter Produktionsarbeit. In N. Beckenbach & W. van Treeck (Eds.), *Soziale Welt. Sonderband: Vol. 9. Umbrüche gesellschaftlicher Arbeit* (pp. 183–206). Göttingen: O. Schwartz.

Braham, D. C. (2007). Crowdsourcing the Citizen Participation Process for Public Planning Projects. Retrieved from https://ssrn.com/abstract=1123325

Clement, R., & Schreiber, D. (2016). *Internet-Ökonomie: Grundlagen und Fallbeispiele der vernetzten Wirtschaft* (3. Aufl. 2016, 2. vollst. überarb. u. erweit. Aufl.). Berlin: Gabler.

Dahrendorf, R. (1983). Arbeit und Tätigkeit – Wandlungen der Arbeitsgesell-schaft. In H. Afheldt, R. Dahrendorf, & P. G. Rogge (Eds.), *Prognos-Forum Zukunftsfrage: Vol. 2. Geht uns die Arbeit aus? Vorausgedachtes ; Prognos-Forum Zukunftsfragen* (pp. 23–36). Stuttgart: Poller u.a.

Gassmann, O. (2013). *Crowdsourcing: [Innovationsmanagement mit Schwarmintelligenz ; Interaktiv Ideen finden ; Kollektives Wissen effektiv nutzen ; Mit Fallbeispielen und Checklisten* (2. Aufl.). München: Hanser.

Humboldt-Uni Berlin. (2014). Welche Unternehmensbereiche sollen zukünftig durch die Crowd unterstützt werden? Deutschland; 05.03.2014 bis 07.03.14; 212 deutsche Unternehmen. Retrieved from https://de-statista-com.ub-

Nordhause-Janz & U. Pekruhl (Eds.), *Arbeit und Technik: Bd. 15. Arbeiten in neuen Strukturen? Partizipation, Kooperation, Autonomie und Gruppenarbeit in Deutschland* (pp. 13–68). München, Mering: Rainer Hampp Verlag.

Papsdorf, C., & Voß, G. G. (2009). *Wie Surfen zu Arbeit wird: Crowdsourcing im Web 2.0*. Frankfurt/Main [u.a.]: Campus.

Pfeiffer, S. (2001). information@work. Neue Tendenzen in der Informatisierung von Arbeit und vorläufige Überlegungen zu einer Typologie informatisierter Arbeit. In I. Matuschek, A. Henninger, & F. Kleemann (Eds.), *Neue Medien im Arbeitsalltag: Empirische Befunde, Gestaltungskonzepte, theoretische Perspektiven* (1st ed., pp. 237–255). Wiesbaden: Westdt. Verl.

Rürup, B. (1994). Arbeit der Zukunft - Zukunft der Arbeit,. In H. Hoffmann (Ed.), *Arbeit ohne Sinn? Sinn ohne Arbeit? Über die Zukunft der Arbeitsgesellschaft* (pp. 35–50). Weinheim: Beltz Athenäum.

Schulte-Zurhausen, M. (2014). *Organisation* (6. Aufl.). *Vahlens Handbücher der Wirtschafts- und Sozialwissenschaften*. München: Vahlen. Retrieved from http://elibrary.vahlen.de/index.php?dokid=224

Viitamäki, S. (2007). The FLIRT model of Crowdsourcing/Collective Customer Collaboration: Master thesis. Retrieved from https://www.scribd.com/document/20607704/The-Flirt-Model-of-Crowdsourcing-Sami-Viitamaki-Master-s-Thesis

Voß, G. G. (1998a). Die Entgrenzung von Arbeit und Arbeitskarft: Eine subjektorientierte Interpretation des Wandels der Arbeit. Retrieved from http://doku.iab.de/mittab/1998/1998_3_MittAB_Vo%C3%9F.pdf

Voß, G. G. (1998b). Die Entgrenzung von Arbeit und Arbeitskraft. Eine subjektorientierte Interpretation des Wandels der Arbeit. *Mitteilungen aus der Arbeitsmarkt- und Berufsforschung, 31*(3), 473–487.

Walwei, U. (2017). Beschleunigt die Digitalisierung den Wandel der Erwerbsformen? Retrieved from https://www.iab-forum.de/beschleunigt-die-digitalisierung-den-wandel-der-erwerbsformen/?pdf=1860

Welsch, J. (1997). *Arbeiten in der Informationsgesellschaft.: Studie des Arbeitskreis ‚Arbeit - Betrieb - Politik'*. Bonn.

Sie möchten Ihre Geschäftsprozesse verändern und
suchen nach Beratung?

Kontaktieren Sie uns!
Gleich jetzt und unverbindlich.

Gerne nehmen wir mit Ihnen
im Dialog Ihre
Geschäftsprozesse auf und
verändern Sie -
abhängig von Ihren Zielen
und Möglichkeiten.

Weitere Angebote:
Schulungen im Qualitätsma-
nagement
Unterstützung beim QM-
Handbuch
Projekt-Management-
Unterstützung

Mundhenk Consulting
Jan Mundhenk
Erdfällenstr. 22
31812 Bad Pyrmont

buero@mundhenk-consulting.de

© 2024 Sven von Marbach
Verlag: BoD • Books on Demand GmbH, In de Tarpen 42,
22848 Norderstedt
Druck: Libri Plureos GmbH, Friedensallee 273,
22763 Hamburg
ISBN: 978-3-7597-7786-7